So bin ich nun mal!

Willem van der Does I Peter van Straaten

So bin ich nun mal!

Egoisten, Exzentriker & andere Nervensägen erfolgreich ausbremsen

Mit Illustrationen von Peter van Straaten

Aus dem Niederländischen übertragen
von Waltraud Heitzer-Gores

Weltbild

Inhalt

Vorwort

Nervensägen, Angsthasen und Außenseiter

Es gibt Menschen, die aufgrund ihrer Persönlichkeit ständig in Bedrängnis geraten oder in ihrer Umgebung viel Unmut auslösen. Diese Menschen leiden möglicherweise an einer der zehn Persönlichkeitsstörungen, die Klinische Psychologie und Psychiatrie unterscheiden. Nur wenige haben tatsächlich eine richtige Persönlichkeitsstörung, aber fast jeder Mensch zeigt Züge der einen oder anderen solchen Störung. Diese Züge sind sehr gut aufzuspüren – zumindest, wenn man weiß, worauf man achten muss. Der Zeichner Peter van Straaten besitzt dafür offensichtlich ein feines Radarsystem. Anhand seiner Zeichnungen und der Hinweise in diesem Buch können Sie lernen, diese Züge zu erkennen und angemessen darauf zu reagieren, und wenn jemand einmal ganz aus der Bahn gerät, werden Sie künftig wissen, ob Sie etwas dagegen tun können.

Was ist nun eine Persönlichkeitsstörung? Menschen, die darunter leiden, scheitern immer wieder auf dieselbe Art und Weise – in der Arbeit oder in der Ausbildung, in ihren Freundschaften und in intimen Beziehungen. Manchmal bleiben ihnen diese Bereiche wegen ihrer Persönlichkeit auch ganz verschlossen und sie bleiben einsam und ohne feste Arbeit. Menschen mit einer Persönlichkeitsstörung sind kaum in der Lage, ihr Verhalten an veränderte Umstände anzupassen, wodurch sie oft als fordernd und rigide wahrgenommen werden (siehe Illustration 1 »Unsinn …«). Meistens betrachten sie ihr eigenes Verhalten nicht als Teil des Problems. Fragt man sie, warum sie bestimmte Dinge immer und immer wieder tun, fällt ihnen keine bessere Antwort ein als: »So bin ich nun einmal!«

1 »Unsinn! Gestern ging das hier auch!«

2 »Ich bin ein total verrückter Mensch. Das wissen Sie doch?«

Eine Persönlichkeitsstörung geht immer mit großem Leid einher und ist keineswegs lustig, sondern vielmehr tragisch, irritierend, Mitleid erregend oder regelrecht gefährlich. Die Übergänge von einem normalen zu einem eigenartigen, seltsamen oder pathologischen Charakter sind fließend. Die milderen Ausprägungsformen können auch amüsant und unterhaltsam sein oder andere attraktive Seiten mit sich bringen, so dass die Betroffenen sie pflegen oder mit ihnen kokettieren (siehe Illustration 2 »Ich bin ein total verrückter Mensch ...«). Dann handelt es sich allerdings nicht um eine Störung, sondern mehr um einen Persönlichkeitsstil.

Dem professionellen Betrachter fällt auf, wie treffend die Zeichnungen von Peter van Straaten die Persönlichkeitsstile illustrieren. Die meisten der Zeichnungen zeigen keine Pathologie, sondern die etwas milderen oder alltäglichen Ausdrucksformen. Dadurch sind sie didaktisch bärenstark. Diese milderen Formen kann man bei vielen Menschen dann und wann bemerken. Vielleicht gewinnen Sie nach der Lektüre dieses Buches sogar etwas mehr Wertschätzung für Ihre eigenen, speziellen Charakterzüge (siehe Illustration 3 »Sie ist so ungekünstelt ...«).

Durch die Verbindung der Zeichnungen mit einem Kontext, in den sie hier eingebettet sind, kann der Leser Persönlichkeitspathologie wahrnehmen lernen. Der Kontext, den ich benutzt habe, ist das gängige psychiatrische Klassifikationssystem. Dieses System kennt zehn verschiedene Persönlichkeitsstörungen, die in drei Gruppen unterteilt sind: die dramatischen, hochemotionalen Typen, die ängstlichen, zurückgezogenen Typen und die sonderbaren, exzentrischen Typen – Nervensägen, Angsthasen, Außenseiter.

Dieses Buch eignet sich für Psychologie- und Medizinstudenten und alle anderen, die sich mit dem Thema Persönlichkeit beschäftigen – es kann als Ergänzung zu den traditionellen Lehrbüchern gesehen werden. Das Buch kann aber auch allen nützen, die wissen wollen, wie Psychologen und Psychiater ihre Klienten betrachten – in dieser Hinsicht stellt es

3 »Sie ist so ungekünstelt, so rein … so klar … so echt …
Ich hasse sie!«

einen Blick hinter die Kulissen dar. Zudem finden sich Tipps, wie man mit den verschiedenen Persönlichkeitsstilen und -störungen zurecht kommen kann, so dass es allen hilfreich sein kann, die beruflich oder privat mit einem problematischen oder schwer durchschaubaren Menschen zu tun haben.

Macht und Bewunderung

Die narzisstische Persönlichkeit

Kennzeichen
Eitelkeit und Selbstherrlichkeit sind die Kernbegriffe der narzisstischen Persönlichkeit. Die Bezeichnung geht zurück auf die Figur Narziss aus der griechischen Mythologie. Narziss, der Sohn des Flussgottes, ist von ungewöhnlicher Schönheit. Er verliebt sich so sehr in sich selbst, dass er sich nicht mehr von jener Stelle am Bach zu lösen vermag, wo er sein eigenes Spiegelbild im Wasser bewundern kann. Sein tragisches Los ist, dass er sich am Ende vor unerfülltem Verlangen buchstäblich verzehrte. An der Stelle, an der er gesessen hatte, entsprang eine Blume, die seinen Namen trägt.

Heutige Narzissten sind beschäftigt mit Ansehen, Macht und Erfolgt. Gesehen und bewundert zu werden ist ihr Streben und besetzt ihre Phantasie. Manche Exemplare sind ziemlich leicht zu erkennen (siehe Illustration 4 »O Gott …«).

Ein klassisches Beispiel eines solchen Menschen ist ein in Maßanzug gekleideter Mann, der es verstanden hat, sich in eine Position zu manövrieren, in der er das Sagen hat und hauptsächlich von Ja-Sagern umgeben ist. In Handbüchern über schwierige Menschen in Organisationen wird der Narzisst häufig als »Panzer« oder »Bulldozer« bezeichnet oder mit einem anderen ominösen Attribut bedacht.

Narzissten versuchen, etwas Besonderes zu sein und sich von anderen durch ihre außergewöhnlichen Talente abzuheben – so jedenfalls bewerten sie selbst diese Talente. Oder aber sie versuchen, sich durch Äußerlichkeiten zu unterscheiden: nur die teuersten technischen Accessoires,

4 »O Gott, was ist dieser Mann zufrieden mit sich selbst.«

Autos und Urlaubsziele sind gut genug. Sie brauchen viel, sehr viel Geld, aber wenn sie es haben, sind sie durchaus bereit, den Rubel rollen und die Kasse klingeln zu lassen. Vorzugsweise im Beisein anderer oder wenigstens derart, dass es anderen nicht entgehen kann. »Ja, für diesen neuen Anzug habe ich extra einen Schneider aus Italien einfliegen lassen. Kostet ein paar Cent, aber was man uns hier unter dem Etikett exklusiv anzubieten wagt, ist mir wirklich zu gewöhnlich. Und ich kann es mir nun einmal leisten, warum also nicht? Hier ist man viel zu engstirnig, da wird man ja schief angeguckt, wenn man Geld hat und Qualität will – in Amerika dagegen haben sie dann erst Respekt vor dir.«

Narzissten stellen hohe Anforderungen an das äußere Erscheinungsbild und den sozialen Status ihres Partners. Es ist nicht vorgesehen, dass dieser zu viele Wünsche oder Vorstellungen hat, die im Widerspruch zu ihren eigenen Vorstellungen stehen (siehe Illustration 5 »Und du nimmst den Spargel …«).

Außerdem wird vom Partner erwartet, dass er sich glücklich schätzt, für den Platz an der Seite einer einzigartigen Person auserkoren zu sein. Vorübergehende Unzufriedenheit oder zeitweiliger Missmut sind noch akzeptabel, geben sie doch dem Narzissten die Gelegenheit, sie in einer großzügigen Geste zu beheben. Ein Partner aber, der sich chronisch unglücklich fühlt, ist ein Makel auf seiner Weste (siehe Illustration 6 »Hör sofort damit auf …«). Dem klassischen Narzissten geht es also um Bewunderung und um Macht, ein Partner ist dabei nur ein Instrument, dieses Ziel zu erreichen.

Die Verpackung eines Narzissten kann allerdings auch andere Formen annehmen, wodurch er manchmal nicht so leicht zu erkennen ist. Narzissten, die nicht auf das Äußere setzen, können dann sogar auffallend gammelig herumlaufen. Sie sind hinreichend arrogant, um der Meinung zu sein, dass Kleidungsvorschriften nicht für sie gelten, und so erscheinen sie schon einmal in einer verschlissenen Jeans zu einem Meeting, auf dem alle anderen einen Anzug tragen. Unter Wissenschaftlern

5 *»Und du nimmst den Spargel. Da bist du doch ganz wild darauf.«*

6 »Hör sofort damit auf! Es gibt hier nichts zu weinen.«

kommt es gelegentlich vor, dass sich der Narzissmus seinen Weg in intellektuellem Geltungsdrang bahnt. Der Narzisst zwängt sich überall hinein und versucht, seinen Namen auf jeden Artikel und jede Patentanmeldung, von der er Wind bekommt, zu setzen. Er hält das für normal, weil er wichtige Beiträge zum Zustandekommen der Idee geliefert hat – auch wenn die anderen Beteiligten sich hauptsächlich daran erinnern können, dass er kundtat, aus der Sache würde sicher nichts werden. »Ja, damals war ich der Advocatus Diaboli. Das hat eure Ideen reifen lassen.« Und falls das nicht zutrifft, gibt es immer noch das Argument, dass der Narzisst schon vorher wichtige Elemente zum beruflichen Werdegang der anderen beigetragen hat – und das muss schließlich einmal belohnt werden. Untergebene, die ihre Arbeiten zur Kommentierung vorlegen müssen, erhalten die Papiere mit ihrem Namen hinter dem des Narzissten zurück.

Narzissten scheinen es mit sich selbst hervorragend getroffen zu haben, faktisch fühlen sie sich anderen weit überlegen. Jemand, der sich selbst derart phantastisch findet, wird mit etwas Gegenwind leicht zurecht kommen, werden Sie denken. Leider ist das Gegenteil der Fall. Der Narzisst mag keine Kritik. Die aufgeblasene Präsentation dient vor allem der Kompensation tief verborgener Zweifel und mangelnden Selbstwertgefühls. Kritik reißt diese Wunde schmerzhaft auf – der Kritiker wird dafür büßen müssen. Die Eitelkeit und die Selbstherrlichkeit sind brüchig (siehe Illustration 7 »Ah ja? Meine anderen Ehen …«).

Ein gewisses Maß an Narzissmus ist gesund und fördert Erfolg und Glück. Eine ausgeprägte Portion kann sogar zu großem gesellschaftlichem Erfolg führen. Narzissten sind bereit, die Führung zu übernehmen, und sie scheuen sich keineswegs, auch einmal die Ellbogen entsprechend einzusetzen. Der Narzissmus kann eine Triebfeder sein, die jemanden tatsächlich in die Position bringt, in der er Macht ausüben kann. Außerdem kann die Überzeugung der eigenen Überlegenheit einen Narzissten aus unangenehmen Situationen retten – mit Manövern,

7 »Ah ja? Meine anderen Ehen waren aber ganz prima!«

8 »Ich gebe zu, dass ich große Fehler gemacht habe. Seien Sie froh!
   Daraus können Sie etwas lernen!«

9 »Nein, nein … meine fünfte! Janneke, die Sie hier sehen, ist schon
meine fünfte Frau.«

mit denen sich andere nicht so leicht aus der Affären ziehen könnten. Auf Seite 20 sehen Sie ein solches Manöver – übrigens von einem ernsthaft in die Enge getriebenen Exemplar, denn Fehler einzugestehen gehört nicht zu den Lieblingsbeschäftigungen des Narzissten (siehe Illustration 8 »Ich gebe zu …«).

Eine Überdosis Narzissmus geht allerdings auf Kosten des Glücksgefühls. Erfolg ist vergänglich und Narzissten reagieren extrem empfindlich auf entsprechende Anzeichen, wie Kritik und Sarkasmus. Normale, aufbauende Kritik wird persönlich genommen und als Mangel an Loyalität aufgefasst. Narzissten in einer stabilen Position, zum Beispiel in der Führung eines Unternehmens, entfernen Kritiker und unabhängige Denker aus ihrer Umgebung oder sorgen dafür, dass diese sich zurücknehmen. Andere Narzissten retten sich, indem sie ziemlich häufig den Arbeitsplatz, den Partner und den Freundeskreis wechseln (siehe Illustration 9 »Nein, nein … meine fünfte …«)

Leicht entsteht ein Casanova-Verhaltensmuster, bei dem zwanghaft nach Frauen, egal ob mit oder ohne festen Partner, gejagt wird. Mit jedem gelungenen Versuch wird nämlich für eine gewisse Zeit die immer wieder auflebende Angst, man würde nicht mehr attraktiv gefunden, Lügen gestraft.

Nicht nur von seinem Partner, auch von seinen Kindern erwartet der Narzisst Perfektion. Er verträgt es nicht, wenn seine Kinder nicht alles auf Anhieb können oder wenn sie die Talente oder Interessen für Dinge, die ihm wichtig sind, nicht besitzen. Wie der Partner sind also auch die Kinder im wahrsten Sinn des Wortes so etwas wie ein narzisstisches Verlängerungsstück seiner selbst (siehe Illustration 10 »Das habe ich schon befürchtet …«).

Narzissten sind der Meinung, dass die normalen Regeln und Gesetze für sie nicht gelten. Sie finden beispielsweise, dass man es ihnen durchgehen lassen muss, wenn sie sich betrunken ans Steuer setzen, oder dass es ihnen zu verzeihen ist, wenn sie ihre Ausgaben ungenau deklarieren,

10 »Das habe ich schon befürchtet. Der Schwachkopf kann die Eier
    wieder nicht finden.«

vergessen, ihre Aktientransaktionen anzugeben, oder geistiges Eigentum von anderen klauen, denn: »Ich habe eine wichtige Position in der Gesellschaft, arbeite mich halb tot und habe schon so viel Gutes getan.« Obwohl manche Aspekte bei oberflächlicher Betrachtung vielleicht beneidenswert erscheinen – hinter einem solchen Lebensstil verbirgt sich ein ruheloser und misstrauischer Mensch. Diese Erkenntnis ist Ihr Trost, wenn Sie in Ihrer Umgebung mit einem extremen Narzissten zu tun haben. Ein Narzisst ist wie ein Süchtiger immer auf der Suche nach Bewunderung. Er kann sich selbst nur über die Anerkennung eines anderen als vollkommen und als gut empfinden. Er benutzt den anderen als Spiegel, um sein Selbstwertgefühl darin abzulesen. Bewundert der andere ihn, dann ist es gut, bringt ihm aber nur vorübergehend Ruhe. Größe und Bedeutungslosigkeit sind unauflöslich miteinander verbunden. Größe kann ohne weiteres umkippen in die Bedeutungslosigkeit. Auf das Ausbleiben von Bewunderung – oder, noch schlimmer, auf Kritik – wird mit Wut oder plötzlichem Verlust des Selbstvertrauens reagiert. Wenn das passiert, sind die Folgen nicht ohne weiteres zu beheben (siehe Illustration 11 »Okay, okay, okay …«).

Der Alltag

Arrivierte Narzissten sind am leichtesten zu erkennen. Man findet sie relativ häufig in Machtpositionen oder Positionen mit hohem Ansehen. Sehen Sie sich also in den höheren Etagen in Firmen und Institutionen, in der Politik und in den Medien um. Manche Positionen bringen so große Nachteile mit sich (beispielsweise das Fehlen jeglicher Privatsphäre), dass nur narzisstisch veranlagte Personen sie auf Dauer anstreben.

Aber es funktioniert auch umgekehrt: manche Positionen fördern Narzissmus. Macht korrumpiert, Bewunderung ebenso. Menschen, die aufgrund eines Talents ins Rampenlicht kommen und bewundert werden (Künstler, Spitzensportler, Politiker, Professoren, Doktoren …) ge-

11 »Okay, okay, okay, ich nehme es zurück. Du bist kein Arschloch.«

12　»Meine Herren, Sie wissen ja … ich bin nur ein einfacher Depp.«

hen das Risiko ein, dass ihr Narzissmus unangenehme Ausmaße annimmt (siehe Illustration 12 »Meine Herren …«).

Mit Narzissmus allein schafft man es meistens allerdings nicht; für den Großteil der angestrebten Positionen ist auch ein Mindestmaß an anderen Talenten erforderlich. Die weniger erfolgreichen Narzissten, die sich – beispielsweise aufgrund mangelnder Intelligenz, fehlender sozialer Kompetenz oder durch Pech – nicht in einer Position mit Glamour-Faktor zu halten vermögen, können ihren Geltungsdrang auch in ehrenamtlichen Organisationen, im Unternehmensrat oder in einer Nachbarschaftsinitiative ausleben. Mit extremen Vertretern oder mit Exemplaren, die zu wenig Talent besitzen, geht es früher oder später schlecht aus. Man trifft sie an den unterschiedlichsten Orten, verbittert und zynisch. Manche Narzissten sind allerdings besonders kreativ im Erfinden von Besonderheiten, die sie auszeichnen (siehe Illustration 13 »Ach, komm, Martin …«).

Welche Umstände führen dazu, dass es mit den Narzissten ein schlechtes Ende nimmt?

Die jüngeren Vertreter, die noch auf dem Weg zur Spitze sind, tragen ein erhöhtes Risiko, vorzeitig in Autoritätskonflikte verstrickt zu werden. Es wird von ihrer Intelligenz und ihrer Geduld abhängen, ob sie lang genug durchhalten, um sich bei den Mächtigen einzuschleimen. Wenn sie zu wenig Geduld haben, gründen sie eine eigene Firma. Weiter lauert auf den erfolgreichen Narzissten die Gefahr, dass er sich für unangreifbar hält. Er wird dann immer grobschlächtiger in der Art und Weise, wie er seine Untergebenen behandelt, lässt sich sein Gehalt drastisch erhöhen, wird noch schlampiger in seiner Buchführung und eignet sich die Arbeit anderer an. Er ist immer seltener auf dem Arbeitsparkett zu finden, weil er sich zu glanzvollen Aktivitäten in der Außenwelt, zum Beispiel zum üppigen Lunch mit anderen Narzissten, verführen lässt. Dadurch verliert er immer mehr an Rückhalt und bemerkt es oft noch nicht ein-

13 »Ach, komm, Martin ... fang nicht wieder mit deiner Operation an!«

mal. Und weil es an der Spitze der meisten Unternehmen und Institutionen nun einmal zugeht wie in einem Haifischbecken, ist der Narzisst auch sehr viel Stress ausgeliefert.

Wenn ein solches Muster eine Weile fortbesteht, kann man darauf warten, dass der Tag kommt, an dem es jemand nicht mehr hinnimmt, wenn der Narzisst wieder entschieden zu weit gegangen ist. Ein relativ kleiner Zwischenfall kann dann dazu führen, dass der Angriff von allen Seiten gestartet wird, dass jegliche Unterstützung wegzubrechen scheint und sich seine Position als unhaltbar erweist. Der Narzisst wird gestürzt und bleibt verbittert und ohne Verständnis zurück, weshalb ihm dies nun widerfahren ist – aus einem so nichtigen Anlass, wo er doch so viel Gutes für alle getan hat. Das Einzige, was dem Narzissten dann noch bleibt, ist, in seinem neuen Status als Opfer Größe zu entwickeln.

Umgangsregeln

Das Verhalten eines narzisstischen Menschen kann zwei Arten von Reaktionen hervorrufen: intensive Bewunderung oder Ärger und Konkurrenz. Diese Reaktionen können auch nacheinander auftreten. Der erste Eindruck ist in diesem Fall sehr positiv (»Er nennt die Dinge beim Namen«, »Bringt Leben in die Bude«). Wer ihn dann besser kennenlernt, entdeckt allerdings, wie kühl, distanziert und berechnend der Narzisst ist. Schließlich dreht sich die ganze Welt einzig und allein um ihn (siehe Illustration 14 »Du willst sicher nicht …«).

Ein wichtiges Kennzeichen der Narzissten ist ihre Unfähigkeit oder ihr Unwille, wirklich Rücksicht auf andere zu nehmen. Trotzdem kann die extravagante Verpackung eine unwiderstehliche Anziehungskraft auf manche Menschen ausüben. Die Präsentation kann so überzeugend sein, dass sich andere angezogen fühlen – manchmal sogar gegen besseres Wissen. Möglicherweise sprechen Narzissten bei anderen Menschen auch deren eigene Größenphantasien an (»Den werde ich schon zähmen«, »Ich werde ihn glücklich machen«) oder aber die andern hoffen,

14 *»Du willst sicher nicht darüber reden?«*

dass der Narzisst sie auf seinem Karriereweg mitnimmt und sie es dann als Trittbrettfahrer auch in eine Position mit Glamour-Faktor schaffen (siehe Illustration 15 »Ich habe viel Schlechtes ...«).

Auch über einen längeren Zeitraum genommen ist es sehr gut möglich, dass einem Narzissten immer wieder alles verziehen wird. Die Außenwelt nimmt mit zunehmender Verwunderung wahr, dass sich der Partner wie ein Fußabstreifer behandeln und den auffälligen Ehebruch unter dem Deckmantel der Liebe geschehen lässt. Hierbei spielt eine Rolle, dass Narzissten ausgezeichnet in der Lage sind, ihre Aufmerksamkeit für eine gewisse Zeit sehr intensiv auf den anderen zu richten – dann nämlich, wenn sie spüren, dass dies erforderlich ist, um weiter bewundert zu werden. Der Partner wird sozusagen auf die Schiene der »partiellen Verstärkung« gesetzt: oft auf Granit beißen, ab und zu den Jackpot knacken (siehe Illustration 16 »Gehst du eigentlich immer noch so oft ...«).

Wie können Sie nun am besten mit den Narzissten in Ihrer Umgebung verfahren? Die Antwort auf diese Frage hängt natürlich stark von der Frage ab, wo genau sich der Narzisst befindet, ob er oder sie ständig präsent oder aber umgehbar ist und wie die jeweiligen Machtverhältnisse aussehen. Einige Umgangsregeln können allerdings gegeben werden.

Narzissten neigen nicht dazu, sich selbst oder ihr eigenes Verhalten als Teil von Problemen zu sehen: Die Schuld liegt beim anderen. Wenn Sie diese Sichtweise nuancierter darstellen wollen, ist es hilfreich, zunächst ziemlich ausführlich die Sichtweise des Narzissten zu teilen, und dann erst Alternativen einzubringen. Wenn Sie von einem narzisstischen Chef, Kollegen oder Untergebenen wollen, dass er etwas für Sie tut: Schmeicheln hilft. Bestätigen Sie ihn regelmäßig und machen Sie ihn schwach, indem Sie ihm regelmäßig ein Kompliment aussprechen oder seinen Ratschlag einholen. Wenn es dazu wenig Anlass gibt, tragen Sie für jede Woche in Ihren Kalender ein: »Kompliment an Jansen.«

Wenn Sie der Meinung sind, dass ein bestimmter Beschluss gefällt

15 *»Ich habe viel Schlechtes über Sie gehört.«*

16 *»Gehst du eigentlich immer noch so oft fremd, Ruud?«*

werden muss, gehen Sie zu Ihrem narzisstischen Chef und präsentieren Sie ihm alle Optionen dergestalt, dass es unvermeidlich auf diesen Beschluss hinausläuft. Geben Sie ihm dann großzügig Kredit für seine Sichtweise und seine Hilfe bei der Beschlussfindung. Vielleicht ist das keine leichte Kost, aber sobald Sie ein anderes Mal etwas von ihm brauchen, wird es Ihnen zum Vorteil gereichen.

Es kann sein, dass Sie Satzabschnitte verwenden müssen, die etwas unglaubwürdig auf Sie wirken, aber bei einem Narzissten kann das genau der richtige Dreh sein: »De Korte, ich habe Sie für diese Aufgabe ausgewählt, weil Sie der einzige sind, der dafür das Talent und das Durchsetzungsvermögen mitbringt. Nein, De Korte, nicht so bescheiden, so ist es.« Aber Vorsicht, man kann natürlich auch übertreiben (siehe Illustration 17 »So toll war ich …«).

Schmeicheln heißt aber nicht, dass Sie sich von einem Narzissten einfach so alles gefallen lassen müssen. Im Gegenteil, das ist eine schlechte Idee, weil es dazu führen würde, dass der Narzisst jegliche Achtung vor Ihnen verliert. Falls Ihr narzisstischer Mitmensch unangemessene Dinge von Ihnen verlangt, ist es erforderlich, sich dagegen zu wehren. Nehmen wir einmal an, dass Frau Meier heute keine Überstunden machen möchte. Sie würde nicht gerade gut daran tun, ihren Chef damit zu behelligen, dass er ein selbstherrlicher Egoist ist und ihr der Elternabend in der Schule ihres Sohnes wichtiger ist als die unmöglichen Versprechen, die er den Kunden ständig macht (siehe Illustration 18 »Fräulein Meier, ich bin, glaube ich, zu gut …«).

Besser ist es, wenn sie dem Chef beipflichtet, dass er tatsächlich zu gut für diese Welt ist, und wenn sie noch einen draufsetzen kann: Mit seiner »Güte« sorgt er schließlich dafür, dass die Auftragsbücher voll sind, so dass das Unternehmen derart blühen kann (oder: so dass das Unternehmen trotz der miesen Marktlage noch nicht bankrott ist). Aber vielleicht geht seine Güte ja wirklich zu weit, die Kunden werden zu verwöhnt und stellen immer verrücktere Forderungen. »Ich denke, dass

17 *»So toll war ich jetzt auch wieder nicht, Herr Verstegen.«*

18 »Fräulein Meier, ich bin, glaube ich, zu gut für diese Welt.«

die anderen Mitglieder des Vorstands es sehr schätzen würden, wenn Sie hier einmal eingreifen würden – selbst trauen die sich das bestimmt nicht zu.«

Wenn das ganze Schmeicheln nicht hilft, darf Frau Meier nicht locker lassen und muss sagen, dass sie an diesem Abend auf keinen Fall arbeiten kann. Das kann sehr schwierig sein, beispielsweise wenn der Gesprächspartner bereits beim geringsten Widerstand in Wut gerät, in der Folge stets neue, nicht relevante Argumente anträgt oder öffentlich Frau Meiers Loyalität in Frage stellt.

Geraten Sie in eine solche Situation, so versuchen Sie zuallererst, sich selbst unter Kontrolle zu halten. Bedenken Sie, auch wenn es sich anders anfühlt: es liegt nicht an Ihrer Person. Wenn Sie sich hinreißen lassen und auch in Wut geraten oder in Tränen ausbrechen, in die Knie gehen oder den Raum verlassen – dann wird es persönlich. Dann nämlich wird der Narzisst Sie als labilen und leicht knetbaren Menschen einstufen und dieser Moment wird der Anfang eines Musters. Bleiben Sie äußerlich ruhig, lassen Sie ihn wüten und wiederholen Sie Ihre Botschaft: Heute kann ich nicht länger bleiben. Noch besser, in Kombination mit einer Schmeichelei: »Herr Lindemans, ich habe großen Respekt vor Ihnen, aber heute Abend kann ich einfach nicht.« Wiederholen Sie das nach jedem irrelevanten Argument oder jeder geäußerten Verdächtigung. Wenn Ihr Gegenüber in eine lange Tirade verfällt, kann es ratsam sein, ihn zu unterbrechen: »Herr Lindemans! Ich habe Sie gehört, aber ich kann heute wirklich nicht.« Dass Sie nicht nachgeben, ist wichtiger als die Frage, wie Sie das tun. Also auch wenn Sie dabei zittern wie Espenlaub: Es ist das Ergebnis, das zählt. Es kann viel Kraft kosten und sehr stressig sein, eine solche Interaktion zu einem guten Ende zu führen, aber im Prinzip sind die Ratschläge einfach.

Seien Sie darauf vorbereitet, dass sich die Stimmung vollkommen umkehren kann, wenn der Narzisst sich ausgetobt hat und Sie nicht nachgegeben haben. Plötzlich nimmt er Sie wahr, nimmt mehr Rück-

19 *»Sie! Hierher! Was soll der ganze Kram denn kosten?*
    Dann löse ich Sie aus.«

20 *»Schatz, ich bin viel zu alt für dich.«*

sicht auf Sie oder, schlimmer, will mit Ihnen Mittagessen gehen (siehe Illustration 19 Sie! Hierher ...«).

Zum Schluss sei noch gesagt, dass es im Umgang mit Narzissten meistens eine große Fehleinschätzung ist, wenn man darauf setzt, dass mit den Jahren die Weisheit kommen wird. Die Charakterzüge eines älter werdenden Narzissten treten eher noch deutlicher hervor. Das kommt, weil mit zunehmendem Alter die körperliche Attraktivität nachlässt und der Tag, an dem er seinen Platz der jüngeren Generation räumen muss, näher kommt. Die Tricks, die dann ausgekramt werden müssen, um dieses Schreckensbild zu kompensieren und das Selbstbild aufrecht zu erhalten, werden immer extremer (siehe Illustration 20 »Schatz, ich bin viel zu alt ...«).

Aufmerksamkeit und noch mehr Aufmerksamkeit

Die theatralische Persönlichkeit (Hysterie)

Kennzeichen

Die Kernbegriffe der Hysterie lauten Aufmerksamkeit und Aufmerksamkeit. Wie der Name andeutet, bekommt es Menschen mit einer theatralischen Persönlichkeit schlecht, wenn sie nicht im Mittelpunkt stehen. Um die Aufmerksamkeit zu erlangen und zu halten, wird kein Mittel gescheut; das meistbenutzte ist die Übertreibung. Sie bezieht sich sowohl auf das Aussehen wie auf das Verhalten und die Emotionen. Ihr Antrieb ist es, Eindruck zu machen und dafür zu sorgen, dass andere sich mit der theatralischen Person beschäftigen. Dazu werden die verschiedensten Emotionen gezeigt und eingefordert, und das alles zur Kompensation der zentralen Gedanken: »Ich bin eigentlich unattraktiv« und »Ich kann unmöglich glücklich sein, wenn andere mich nicht bewundern.«

Ein klassischer Vertreter dieser Persönlichkeitsgattung ist eine Frau mit zu viel Make-up, die sich verführerisch, aber zugleich zu jung für ihr Alter kleidet. Sie macht dadurch einen irgendwie kindlichen Eindruck. Sie erlebt starke Emotionen, langweilt sich aber schnell und sucht sich dann eine neue Stimulation (siehe Illustration 21 »Ist das nicht wahnsinnig anstrengend ...«).

Eine hysterische Frau kleidet sich verführerisch und blüht auf, wenn sie damit Blicke und Aufmerksamkeit auf sich zieht. Solche Frauen sind richtige Femmes fatales – sie flirten, lassen sich Aufmerksamkeiten wohlgefallen und provozieren Annäherungsversuche, reagieren dann aber überrascht und empört, wenn die aus der Reserve gelockte Gegen-

21 *»Ist das nicht wahnsinnig anstrengend, so zu gehen?«*

22 *»Was machst du da? Stinke ich etwa?«*

partei nun auch zur Tat schreiten will (siehe Illustration 22 »Was machst du da ...«).

Die Erwartungen, die Verhalten und Kleidung wecken, werden nicht eingelöst – die Emotion, die suggeriert wird, erweist sich als unecht. Nicht nur durch die Kleidung, auch durch die Körpersprache und das gesamte Verhalten wird eine Verführungskunst ausgestrahlt, die auf die Umstehenden sofort unecht wirken kann. Dabei muss angemerkt werden, dass Frauen diese Art von Verhalten oft besser durchschauen als Männer.

Der zentrale Gedanke der Hysteriker ist, dass es von vitaler Wichtigkeit ist, von nahezu allen anderen Menschen für (fast) alle Taten, die sie vollbringen, geliebt zu werden. Das macht sie überempfindlich für Zurückweisungen. Auf der anderen Seite können sie selbst knallhart sein, sie können sich nicht binden und sind ständig untreu. Die Aufregung des Verführungs- und Eroberungsspiels ist zu groß, als dass sie es aufgeben könnten. Wenn die Beute »erlegt« ist, hört das Interesse schlagartig auf und neue Bestätigung muss gesucht werden.

Neben dem oben beschriebenen extravaganten Typ gibt es auch noch den zurückhaltenderen, sphinxartigen Typ. Das sind Menschen, die es verstehen, die Aufmerksamkeit auf sich zu lenken, indem sie eine Art geheimnisvollen Zauber um sich herum kreieren. Auch sie kleiden sich auffallend, aber dann gern eher altmodisch. Sie sind auch nicht lautstark und expressiv, sondern nehmen still in einer Ecke Platz. Dabei sorgen sie aber dafür, dass jeder sie gesehen hat, und starren mit einem etwas erstaunten, geheimnisvollen, flachen oder irgendwie schmerzlichen Gesichtsausdruck vor sich hin. Bei anderen entsteht der Eindruck von großem, verborgenen Leid oder tiefer Kunstsinnigkeit.

Die Emotionen mögen zwar auf andere unecht wirken, Hysteriker erleben sie aber als sehr real und strahlen das auch aus. Sie lassen sich vorzugsweise von ihren Emotionen leiten. Ihre Gedankenwelt ist weniger stark ausgeprägt und impressionistischer. Zu tiefgehenden intellek-

23　*»Yvonne, ich flehe dich an … Du fragst nicht nach dem Rezept.«*

tuellen Diskussionen sind sie nicht fähig. Wenn sie etwas empfinden, ist ihnen das eine ausreichende Rechtfertigung für eine Handlung. Unzufriedenheit vertragen sie dabei schlecht. Wenn sie wütend sind, meinen sie, das Recht zu haben, einen Tobsuchtsanfall zu bekommen, wenn sie sich freuen, strahlen sie eine kindliche Freude und Zuneigung aus, und das alles kann sich jeweils nach einer Viertelstunde wieder ändern – je nachdem, ob sie die Aufmerksamkeit für sich haben oder nicht.

Bei gemäßigten Vertretern oder beim ersten Kennenlernen kann man leicht beeindruckt oder sogar etwas eifersüchtig sein (»Das ist doch mal ein herzlicher, warmer Mensch«, »Welch intensive Beziehungen geht diese Person ein«). Beim näheren Kennenlernen ermüdet man allerdings schnell und erlebt die Hysterikerin als unecht, wie eine B-Schauspielerin in einer täglichen Soap. An die Stelle von Neid treten Irritation und peinliches Berührtsein. Manche Menschen entdecken das allerdings zu spät (siehe Illustration 23 »Yvonne, ich flehe dich an …«).

Um bei anderen auf Resonanz zu stoßen und die Aufmerksamkeit auf sich zu ziehen, werfen Hysteriker zuerst ihr Äußeres und die positiven Gefühle in die Waagschale. Falls das nur unzureichende Ergebnisse einbringt, werden sie nicht vor anderen, dramatischeren Emotionen, etwa in Form von Wut- und Ohnmachtsanfällen oder kindlichem Quengeln, zurückschrecken. Faktisch ist der emotionale Haushalt der Hysterikerin noch ziemlich unerwachsen, und – daran dürften wir uns alle erinnern – in der Kindheit kann es auf dieser Ebene ziemlich turbulent zugehen (siehe Illustration 24 »Aber Liebling …«).

Dadurch, dass Hysteriker ihren Gefühlen Vorrang einräumen und sich die Dinge nicht wohl überlegen, verfallen sie gern in Schwarz-Weiß-Denken. Der eine Mensch ist dann phantastisch, der andere ein Halunke. Es ist wichtig, sich bewusst zu machen, dass eine Hysterikerin das in dem Moment tatsächlich so erlebt. Auch wenn ihre Stimmung plötzlich kippt, fühlen sich theatralische Persönlichkeiten wirklich tief niedergeschlagen. Auf andere wirkt das jedoch wie übertriebenes und zimperli-

24 *»Aber Liebling ... James Dean ist doch schon lange tot?«*

ches Gehabe. Denn auch wenn die Emotionen inhaltslos erscheinen mögen, heißt das noch nicht, dass die betroffene Person nicht trotzdem darunter leidet (siehe Illustration 25 »Aber wenn ich denn eine Wichtigtuerin bin ...«).

Es dürfte deutlich geworden sein, dass das Verhalten, das Hysteriker an den Tag legen, heftig schwanken kann; dadurch ähneln sie einigen der anderen Persönlichkeitstypen. Sie teilen das Schwarz-Weiß-Denken mit den Borderlinern, den Drang nach Aufmerksamkeit mit dem Narzissten und können darüber hinaus einen sehr abhängigen Eindruck machen. Wenn Menschen mit dieser Persönlichkeit in die Psychiatrie kommen, kann es ihnen passieren, dass sie zuerst eine Reihe anderer Diagnosen gestellt bekommen, bevor sie richtig diagnostiziert werden.

Der Alltag
Ihr Lebensraum überschneidet sich teilweise mit dem der narzisstischen Persönlichkeit. Das ist nicht verwunderlich, denn beide stehen gern im Mittelpunkt und außerdem hat so mancher Narzisst auch einen theatralischen Einschlag. Eine relativ große Wahrscheinlichkeit, Vertreter dieses Persönlichkeitstyps anzutreffen, besteht in Berufen mit reichlich Möglichkeit zur Selbstdarstellung in der Öffentlichkeit oder den Medien, vor allem, wenn die intellektuelle Herausforderung in dem Beruf nicht allzu groß ist.

Die theatralische Persönlichkeitsstörung wird wesentlich häufiger bei Frauen als bei Männern diagnostiziert. Das zum Teil zu Unrecht. Bei Frauen fällt das Verhalten mehr auf, schon allein durch die verführerische Kleidung, aber auch bei Männern kann ein extremes Machogehabe auf Hysterie hinweisen. Darüber hinaus kommt eine Kombination der hysterischen und der narzisstischen Persönlichkeit regelmäßig vor. Bei Männern dominiert dann vor allem die Präsentation der narzisstischen Persönlichkeit. Letztlich ist die sogenannte geringere Häufigkeit bei Männern auch darauf zurückzuführen, dass man nicht genau weiß, wo-

25 »Aber wenn ich denn eine Wichtigtuerin bin, wie alle sagen,
dann ist das doch auch ganz schrecklich?«

26 »Warum stehe ich hier bloß immer mit jedem Problem allein?«

rauf man achten muss (siehe Illustration 26 »Warum stehe ich hier bloß immer ...«).

Umgangsregeln

Voraussetzung Nummer 1 für den erfolgreichen Umgang mit einer theatralischen Person ist die Fähigkeit, sich selbst zu zügeln – schrauben Sie Ihre Erwartungen zurück. Das Verhalten von Hysterikern suggeriert Tiefgang – intensive Freundschaft, tollen Sex –, der aber in Wirklichkeit nicht vorhanden ist. Fallen Sie also nicht auf die wechselnden und heftigen Emotionen herein. Genießen Sie die intensive Aufmerksamkeit und Zuneigung, die Ihnen zuteil wird, nicht zu sehr, damit es Sie nicht zu hart trifft, wenn Sie einen Tag später für Ihre Bewunderin Luft zu sein scheinen.

Die natürlichen Reaktionen der meisten Menschen auf eine theatralische Persönlichkeit variieren von Rettungsphantasien über sexuelles Begehren bis hin zu starker Irritation. Wie so oft im Umgang mit extremen Persönlichkeiten ist es auch hier ratsam, Ihrer impulsiven Reaktion nicht zu folgen. Versuchen Sie, eine Haltung der Akzeptanz einzunehmen – langweilig sind Hysteriker jedenfalls nicht. Geben Sie ihnen Aufmerksamkeit, aber in Maßen, und achten Sie auf Ihre Grenzen. Lassen Sie sich nicht hinreißen und nuancieren Sie überzogene Vorstellungen.

Um abweisenden Reaktionen vorzubeugen, empfiehlt es sich für Hysteriker, sich mit ihresgleichen zu umgeben. Glücklicherweise herrscht an Artgenossen (oder »Seelenverwandten«, um in ihrer eigenen Terminologie zu bleiben) kein Mangel. Es bleibt dann aber das Problem, dass es notwendigerweise zu Konkurrenz um Aufmerksamkeit und Sendezeit kommen muss (siehe Illustration 27 »Bleib, wo du bist ...«).

Es ist durchaus möglich, dass man etwas erreichen kann, wenn man gemeinsam versucht, den auf Stimmungen basierten Denkstil zu durchbrechen. Kommen Sie noch einmal auf einen nicht allzu heftigen Zwischenfall zu sprechen und versuchen Sie, gemeinsam zu Papier zu brin-

27 »Bleib, wo du bist, Henri, ich bin irre erkältet.«

28 »Wollen wir uns im Fernsehen versöhnen, wie alle?«

gen, was nun eigentlich los war. Das Aufschreiben kann ein Gegenge-
wicht zur natürlichen Neigung der theatralischen Person, vom Hundert-
sten ins Tausendste zu kommen und nichts wirklich herauszuarbeiten,
darstellen. Listen aufstellen kann auch helfen, die übertrieben positiven
oder negativen Urteile über andere Menschen zu korrigieren. Um eine
dauerhafte Veränderung zustande zu bringen, wird es unumgänglich
sein, die zentralen Gedanken, wie »Ich muss bei allen beliebt sein«, zu
bearbeiten.

Wir leben in einer zunehmend theatralisch-narzisstischen Zeit. Ganze Generationen wachsen mit den hohlen Emotionen in den täglichen
Soaps und mit den billigen Sofort-Lösungen in den »Dating«- und Ver-
söhnungsshows auf. Kein Wunder, dass mancher Zuschauer geneigt ist,
zu denken, das sei die Norm (siehe Illustration 28 »Wollen wir uns im
Fersehen versöhnen …«).

Egoistisch und rücksichtslos

Die antisoziale Persönlichkeit (Psychopathie)

Kennzeichen

Die Kernbegriffe der antisozialen Persönlichkeit heißen Egoismus und Impulsivität. Es sind gewissenlose und rücksichtslose Menschen. Vorschriften, Normen sowie die Rechte und Interessen anderer sind ihnen herzlich egal. »Den anderen treffen, bevor er dich trifft« ist ihr Credo. Sie sind unehrlich und unzuverlässig.

Antisoziale Zeitgenossen wickeln andere mit außergewöhnlichen Geschichten, schönen Versprechungen und hässlichen Lügen um den Finger. Sie sind Meister der Verführung und verstehen es, andere von ihren grundehrlichen Absichten zu überzeugen. Dann kommen sie aber ihren Versprechungen nicht nach und servieren zur Erklärung eiskalt eine neue Ausrede. Am Ende bleibt der andere desillusioniert, verbittert und mittellos zurück.

Ihr verlogenes Verhalten ist oft kalkulierter Betrug, aber es kommt auch vor, dass sie sehr gut spüren, was andere wollen, und aus dem Drang heraus, anderen behagen zu wollen, unmögliche Versprechungen machen. Antisoziale Persönlichkeiten sind auch impulsiv. Sie langweilen sich schnell, weshalb sie zu aufregenden und gefährlichen Dingen neigen, wie etwa zu gefährlichen Sportarten, riskantem Fahrverhalten, extremem Alkohol- oder Drogenkonsum oder ganz allgemein zu provozierendem Verhalten.

Die extremen Vertreter dieser Gattung scheuen nicht davor zurück, die schrecklichsten Verbrechen – Erpressung, Mord, Vergewaltigung – zu begehen. Dazu kommt, dass sie Frustrationen nicht aushalten und nicht selten impulsiv handeln, ohne sich darum zu kümmern, was sie damit anrichten. In der extremen Ausprägungsform handelt es sich hier um knallharte Kriminelle des Typs, die Einrichtungen der Sicherungsverwahrung bevölkern.

Obwohl antisoziale Persönlichkeiten durchaus einen oberflächlichen Charme besitzen und einen glänzenden ersten Eindruck hinterlassen können, sind sie emotional kalt und ihre Welt dreht sich ausschließlich um sie selbst. Ihr makelloses Erscheinungsbild ist nur Fassade. Es wird nur so lange wie nötig aufrecht erhalten, um irgendeine Sache zu bewerkstelligen. Hat dieser Typ bekommen, was er wollte, zeigt er sein wahres Gesicht.

Wenn ein extremer Narzisst als emotionaler Kühlschrank charakterisiert werden kann, dann ist der antisoziale Typ eine emotionale Gefriertruhe. Die Interessen anderer Menschen können ihm gestohlen bleiben; manchen bereitet es sogar ein sadistisches Vergnügen, wenn sie andere benachteiligen können. Einer, der zu schwach ist, sich zu wehren, verdient es in ihren Augen nicht besser, als gut hereingelegt zu werden (siehe Illustration 29 »Das ist immer noch eine ernste Straftat …«).

Antisoziale Persönlichkeiten teilen den Rest der Menschheit in zwei Kategorien ein. Die erste Kategorie besteht aus Menschen, die versuchen, jeden anderen zu benutzen und die man sich deshalb auch vorknöpfen darf – vorzugsweise noch bevor sie einem selbst Schaden zugefügt haben. Die zweite Kategorie sind die Schwachen, die es verdient haben, ausgenutzt zu werden.

Menschen des antisozialen Persönlichkeitstyps sehen sich als Opfer einer ungerechten Gesellschaft oder einer lieblosen Kindheit, weshalb sie ihrerseits das Recht einfordern, sich zu rächen. Dass ihre Opfer nichts mit dem vermeintlichen Unrecht, das ihnen widerfahren ist, zu tun haben, ist eine unwichtige Nebensache – es hat ihnen sicher nur die Gelegenheit gefehlt, sonst hätten sie das Unrecht selbst begangen.

Diese Typisierungen sind so extrem, dass es vielleicht so erscheint, als

29 »Das ist immer noch eine ernste Straftat, deshalb würde ich, wenn ich Sie wäre, mal etwas weniger strahlend gucken.«

hätten wir es hier nicht mit einer fließenden Grenze zwischen normalem und pathologischem Verhalten zu tun, sondern mehr mit einer Krankheit, einer Abweichung, die man entweder hat oder nicht. Leider trifft das nicht zu, denn mildere Ausprägungsformen des antisozialen Typs findet man überall. Der Gebrauchtwarenhändler, der unkundigen Käufern ein Wrack verkauft, der Ober, der sich eines Wechseltricks mit Ihren Banknoten bedient, der Topmanager, der Lücken im Gesetz ausnützt, der betrügerische Leistungsempfänger: Sie alle können vor sich selbst ihr Verhalten rechtfertigen, indem sie denken: »Wenn die so doof sind, verlangen sie doch danach.« Das ist allerdings ein psychopathischer Argumentationsstil (siehe Illustration 30 »Regeln, Regeln, Regeln ...«).

Mit ihrer Impulsivität und ihrer Tollkühnheit erwecken extreme antisoziale Persönlichkeiten den Eindruck, sie würden keine Angst kennen. Sie sind rücksichtslos und kümmern sich nicht um mögliche negative Konsequenzen ihres Verhaltens. Es hat nicht nur den Anschein, als würden sie weniger Angst empfinden; aus wissenschaftlichen Untersuchungen geht hervor, dass das auch tatsächlich zutrifft.

Ein weiteres Kennzeichen ist ihr Mangel an Empathie: sie sind nicht in der Lage, sich in andere Menschen hineinzuversetzen oder deren Emotionen nachzuempfinden. Die Wahrnehmung, dass ein anderer Mensch leidet – man sieht beispielsweise jemanden, der weint oder Schmerzen hat –, ruft beim Betrachter normalerweise eine messbare körperliche Reaktion hervor. Bei Vertretern des antisozialen Persönlichkeitstyps ist diese Reaktion deutlich geringer. Das heißt nicht, dass sie die Emotionen anderer nicht erkennen können. Im Gegenteil, sie sind besonders gewieft, wenn es darum geht, deren Schwächen aufzuspüren und auszubeuten (siehe Illustration 31 »... Scheeerz!«).

Psychopathen kennen weder Reue noch Scham und reagieren eher unempfindlich auf Strafe. Das Risiko einer Bestrafung hindert sie nicht an ihrem Tun; wahrscheinlich ist das auf ihr niedriges Angstniveau zurückzuführen. Auch eine Strafe bringt sie nicht zur Umkehr (siehe Illu-

30 »Regeln, Regeln, Regeln. Es schreit zum Himmel. So wird man
doch gezwungen, den Haufen zu neppen.«

31 »... *Scheeerz!*«

32 »Wenn Sie keinen Freispruch bekommen, können wir doch auf
einen Vergleich hinsteuern? Was würde das denn kosten?«

stration 32 »Wenn Sie keinen Freispruch bekommen ...«). Im Gegenteil, das Risiko ist hoch, dass sie sich in ihrer Opferrolle bestätigt und umso mehr berechtigt fühlen, Rache zu nehmen.

Der Alltag

Wie bereits oben beschrieben, sind die extremen Vertreter dieses Persönlichkeitstyps brutale Kriminelle, die lange Haftstrafen aussitzen oder sich in Sicherungsverwahrung befinden. Annähernd 80 % der Menschen mit einer antisozialen Persönlichkeitsstörung haben ein Suchtproblem – zu viel Alkohol und Drogenkonsum können auch der Impulsivität zugerechnet werden. Bei deutlich mehr Männern als Frauen wird diese Störung diagnostiziert. Die extremen Repräsentanten verhalten sich so asozial und unangepasst, dass sie es an einem normalen Arbeitsplatz in der Regel nicht lange aushalten. Menschen mit antisozialen Charakterzügen kommen im Übrigen in allen Schichten der Bevölkerung vor (siehe Illustration 33 »Wegen der blöden Steuern ...«).

Die Wahrscheinlichkeit, einen antisozialen Menschen zu treffen, ist groß bei Fernsehsendungen wie *Opgelicht*[1], bei denen in jeder Folge auch die Geschichte eines antisozialen Gauners vorkommt, der eine Strecke von Geschädigten hinter sich lässt. Konfrontiert mit einem seiner Opfer oder mit einem Journalisten, der Entschädigung fordert, reagiert er aggressiv und leugnet alles oder der Charme-Hahn wird aufgedreht: Er habe Verständnis für die Frustrationen, die er ausgelöst habe, aber erfreulicherweise sei er gerade dabei, dafür zu sorgen, dass alles ersetzt oder zurückbezahlt wird. Es ist nicht schwer, den wirklichen Ausgang der Geschichte zu erraten.

---

[1] Niederländische Fernsehserie mit Reportagen über die Tricks und Schwindeleien von Betrügern, vergleichbar etwa mit der deutschen Sendung *Vorsicht Falle! Nepper, Schlepper, Bauernfänger.*

33 »Wegen der blöden Steuern muss ich ja hier wohnen.«

34 *»Erzähl doch mal, Schätzchen ... Du hast nicht zufällig reiche Eltern?«*

35 »Kein Drama. Du hast noch einen Reifen und das Schloss.
Den Rest klaue ich dir dazu.«

Umgangsregeln

In Ihrem persönlichen Leben sehen Sie antisoziale Persönlichkeiten vermutlich lieber gehen als kommen. Leider ist es so, dass sich diese aus eigenem Antrieb nicht in Behandlung begeben, es sei denn, sie leiden zusätzlich stark beispielsweise an einer Depression. Das übliche Behandlungsangebot ist auch nicht sehr effektiv – im Gegenteil, es macht die Sache manchmal nur noch schlimmer. Ein Programm mit strukturierten Übungen, viel Disziplin und Konfrontation kann manchmal zu Besserung führen. Das Rationalisieren des manipulativen Verhaltens und das Abstreiten der eigenen Verantwortung muss dabei immer wieder und unmittelbar bearbeitet werden.

Der Umgang mit einem antisozialen Menschen in der nächsten Umgebung ist schwierig. Mit seinem Charme und der glatten Oberfläche versucht er, Sie zu manipulieren, um Sie, wenn es ihm passt, wie eine heiße Kartoffel fallen zu lassen (siehe Illustration 34 »Erzähl doch mal, Schätzchen ...«).

Wenn Sie jemanden kennenlernen, der so überaus nett und höflich ist, dass Sie es kaum glauben können, seien Sie auf der Hut. Misstrauen Sie Menschen, die Ihnen das Blaue vom Himmel versprechen, und zügeln Sie Ihre Habsucht, denn diese wird gnadenlos ausgenutzt. Manchmal wird Ihr Misstrauen zunächst eine Zeitlang mit Jovialität, Großzügigkeit und aufmerksamem Verhalten beschwichtigt. Wenn Sie von den schönen Geschichten eines Menschen in einem teuren Auto beeindruckt sind, vergessen Sie nicht, solide Garantien zu verlangen, bevor Sie Geld investieren oder verleihen. Wenn darauf mit einem Hauch von Empörung reagiert wird – »Wir vertrauen einander doch?« –, dann wissen Sie, was die Uhr geschlagen hat. Lassen Sie vor allem Ihre eigenen Normen nicht aufweichen und akzeptieren Sie von einem antisozialen Menschen keine Gunstbeweise, denn die Folge ist, dass Sie bei ihm in der Schuld stehen – und er wird Sie, wenn nötig, damit erpressen (siehe Illustration 35 »Kein Drama ...«).

Instabil und impulsiv

Die Borderline-Persönlichkeit

Kennzeichen

Der Kernbegriff der Borderline-Persönlichkeit heißt Krise. Menschen mit einer Borderline-Persönlichkeit sind emotional instabil und impulsiv. Sie leiden unter häufigen und extremen Stimmungsschwankungen, die auf andere völlig überdimensioniert wirken. An ein und demselben Tag können sie sich zunächst ganz gut fühlen, dann wie aus heiterem Himmel tief niedergeschlagen sein, um schließlich aus einem nichtigen Anlass in wilde Wut zu geraten. Impulsiv tun sie dann allerlei Dinge, die sie kurze Zeit später bereuen. In extremen Fällen reagieren sie ihre Wut an sich selbst ab, wobei sie sich ernsthaft verletzen können. Es kann auch zu Selbstmorddrohungen und suizidalem oder sehr riskantem Verhalten kommen.

Obwohl alle Persönlichkeitsstörungen mit großem Leiden einhergehen, fällt das Ausmaß des Leidens bei den Borderlinern am meisten ins Auge, für den Betroffenen selbst genauso wie für seine Umgebung. Trotzdem sind Borderline-Persönlichkeiten nicht notwendigerweise ständig im Zustand der Krise. Es können auch relativ ruhige Phasen vorkommen.

Das Bild, das Borderline-Persönlichkeiten von sich selbst haben, ist ähnlich variabel wie das Bild, das die Außenwelt sieht. In dem einen Moment finden sie sich durch und durch wertlos, im anderen sind sie übertrieben überzeugt von sich selbst. Die Kerngedanken sind allerdings die, dass die Welt schlecht und gefährlich ist und sie selbst verletzlich, ohnmächtig und minderwertig. Tief in ihrem Herzen halten sie sich

36 *»Ich lasse dich nicht jeden Morgen im Stich. Ich gehe zur Arbeit.«*

für schlecht und wenig liebenswert, sehnen sich jedoch heftig danach, akzeptiert und geliebt zu werden. Dieser innere Konflikt bewirkt, dass sie sich viel zu schnell an andere Menschen klammern und dann schreckliche Angst bekommen, diese Menschen zu verlieren. Das Tragische ist, dass sie sich selbst oft so verhalten, dass sie das Verlassenwerden mehr oder weniger selbst auslösen (siehe Illustration 36 »Ich lasse dich nicht …«).

Hinzu kommt, dass Borderliner stark dazu neigen, in Schwarz-Weiß-Kategorien zu denken, und kaum Abstufungen sehen. Das alles sorgt dafür, dass ihre Beziehungen zu anderen Menschen heftigen Schleuder-Partien ausgesetzt sind.

Borderliner neigen dazu, andere Menschen, die einen guten ersten Eindruck auf sie gemacht haben, sofort zu idealisieren. Das Schwarz-Weiß-Denken setzt ein und es zählt nur noch dieser andere etwas. Für diesen ist das womöglich eine seltsame, aber doch besonders angenehme Erfahrung. »Wow! Endlich jemand, der erkennt, wie toll ich eigentlich bin.« Das Unangenehme ist nur, dass dies lediglich so lange vorhält, bis man zum ersten Mal die Erwartungen nicht ganz erfüllt. Der Sturz vom Sockel direkt in die Gosse ist vorprogrammiert und nur eine Frage der Zeit (siehe Illustration 37 »Ich werde nie wieder …«).

Wer einmal so sein Ansehen verloren hat, wird Mühe haben, wieder rehabilitiert zu werden. Sind Sie erst einmal in der Ecke der Betrüger und autoritären Dummköpfe abgestellt, wird mit großer Wahrscheinlichkeit jeder Versuch einer Annäherung als Manöver der Manipulation gesehen. Ihre Aussagen werden falsch interpretiert und führen zu heftigen Reaktionen (siehe Illustration 38 »Arschkriecher!«). Die Sache auf sich beruhen zu lassen, ist ebenfalls nicht einfach, denn das bringt eine Borderline-Persönlichkeit erst recht in Rage. Ein Borderliner wird Sie nicht davonkommen lassen, zur Not droht er Ihnen mit Suizid.

Jemand mit einem derart heftigen Charakter täte natürlich gut daran, dafür zu sorgen, dass wenigstens in seiner Umgebung Ruhe herrscht.

37 »Ich werde nie wieder nett, Henk. Stell dich darauf ein.«

38 »*Arschkriecher!*«

39 »Das ist so verdammt wenig kontrovers, was du machst, Ad ...«

Leider ruft dieser Charaktertyp aber gerade Chaos und Instabilität hervor. Borderliner langweilen sich schnell und suchen immer wieder neue Stimulation. Fehlt es an Aufregung, drohen chronische Gefühle der Leere die Oberhand zu gewinnen (siehe Illustration 39 »Das ist so verdammt wenig kontrovers ...«). Manche Experten gehen davon aus, dass bei Borderlinern die Regulierung der Emotionen grundsätzlich anders abläuft als bei anderen Menschen.

Da sie das Schwarz-Weiß-Denken auch auf sich selbst anwenden, sind Borderliner ruheloser Sucher. Das Bild, das sie von sich haben, ist wenig auskristallisiert oder wechselt ständig. Das kann beispielsweise auch auf ihre sexuelle Orientierung zutreffen. Sie sind empfänglich für die Verführung durch »Hypes«, die bei ihnen die Hoffnung aufflammen lassen, dass sich ihr Leben verändern wird und Ruhe, Liebe und Stabilität einkehren werden (siehe Illustration 40 »Da hast du den Mist ...«).

Der Alltag

Menschen mit einer Borderline-Störung waren in ihrer Kindheit überdurchschnittlich häufig Opfer von Inzest, Gewalt oder emotionaler Vernachlässigung. Ihre persönlichen Grenzen sind also oft negiert oder mit Füßen getreten worden. Es ist tragisch, dass es ihnen in ihrem erwachsenen Leben noch immer viel Schwierigkeiten bereitet, ihre persönlichen Grenzen aufzuzeigen, und dass sie Intimität als beängstigend erleben. Schon früh haben sie – durch schlechte Erfahrung – gelernt, wie gefährlich es sein kann, Menschen zu vertrauen. Im Unterschied zur paranoiden Persönlichkeit, die anderen Menschen ebenfalls nicht vertraut, haben Borderliner noch weniger Vertrauen zu sich selbst, so dass sie trotzdem immer wieder neue Verbindungen anstreben.

In der Folge haben Borderline-Persönlichkeiten selten eine langwährende, stabile Beziehung, sie fallen vielmehr gerne auf die Verführungen von Betrügern und Scharlatanen herein. So laufen sie Gefahr, sich in einer Beziehung, die ihnen nicht gut tut, ausnutzen zu lassen oder An-

40 *»Da hast du den Mist schon! Total lesbisch geworden und doch bist du nicht glücklich.«*

41 »Warum probierst du nicht mal für eine Zeit eine ansprechende
Religion aus?«

hänger eines guruhaften Typs zu werden, der ihnen ein besseres Leben vorgaukelt (siehe Illustration 41 »Warum probierst du …).

Manchmal appellieren sie allerdings auch stark an die Retterphantasien anderer Menschen. So kann eine Beziehung entstehen, bei der sie selbst den Part des Ausbeuters spielen gegenüber einem wohlwollenden, aber viel zu ängstlichen Partner, den sie unter der Androhung, sich umzubringen, gefügig machen.

Es dürfte nicht überraschen, dass es für Menschen mit einer Borderline-Persönlichkeit ausgesprochen schwierig ist, einem normalen Beruf nachzugehen. Dennoch kann man milde Ausprägungsformen dieses Persönlichkeitstyps an ihrem Arbeitsplatz finden. Das sind Menschen, die sich gern zu exklusiven »Grüppchen« mit einem oder mehreren Kollegen zusammenschließen wollen, wobei die anderen ausgeschlossen werden. Diesen Clubs ist meist kein langes Leben gegeben, woraufhin wieder neue gesucht werden, so dass letztlich die Zusammenarbeit empfindlich gestört ist. Eine weitere Borderline-Angewohnheit ist es, häufig Testballons steigen zu lassen – weitreichende Pläne, die fast nie weiter kommen als in den Stand einer unausgearbeiteten Idee, die aber viel Unruhe verursachen.

Umgangsregeln

Der Umgang mit Menschen, die eine Borderline-Persönlichkeit aufweisen, ist schwierig und kann emotional aufreibend sein. Ihr Verhalten ruft in der Umgebung starke Gefühle wie Angst und Mitleid, aber vor allem auch Ohnmacht und Wut hervor. Durch ihre Instabilität und ihre heftigen Emotionen rufen sie stets andere auf den Plan und testen dabei permanent aus, wie weit sie gehen können. Wenn man ihnen hier nicht rechtzeitig Einhalt gebietet, wird man erleben, dass von der eigenen Privatsphäre nichts übrigbleibt. Unter dem Druck von heftigen Emotionen, Vorwürfen, Depressionen oder Selbstmorddrohungen lassen manche Menschen alles mit sich machen. Dinge, die bei anderen normal

42 *»Falls Sie der Meinung sein sollten, ich sei ein unbequemes Weib ...*
Als ich noch gesund war, war ich noch viel unbequemer.«

sind, beispielsweise, dass man einen Termin verschiebt, können bei Borderlinern zu derart heftigen Reaktionen führen, dass man schließlich dazu übergehen kann, ihnen bei allem entgegenzukommen. Das lässt sich natürlich auf Dauer nicht durchhalten.

Basis eines jeden erfolgreichen Umgangs mit einer Borderline-Persönlichkeit ist das Setzen von klaren, konsistenten Grenzen. Verhalten Sie sich deutlich, transparent und zuverlässig. Sie werden nicht umhinkommen, klare Bedingungen für die Beziehung zu formulieren: Wir sehen uns so und so oft, das machen wir gemeinsam, das nicht, so werde ich reagieren, wenn du mich anrufst, weil du dich nicht gut fühlst, etc. Versuchen Sie, diese Botschaft freundlich und ohne Schuldzuweisung zu überbringen. Sie sollten ausstrahlen, dass Ihnen die Beziehung wichtig ist und es ansonsten keinen wesentlichen Unterschied macht, ob der andere sich benimmt oder den Kopfstand macht. Sie müssen allerdings nicht so tun, als würde Sie das nicht belasten oder als ließe das Ganze Sie kalt. Der Kern ist, dass Sie den andern weiterhin wertvoll finden und sich nicht zu Dingen hinreißen lassen, die Sie nicht abgemacht haben. Je besser Sie das durchhalten, desto größer die Chance, dass das extreme Verhalten sich normalisiert.

Es gibt einen wichtigen Trost, sowohl für die Borderliner selbst als für ihre Umgebung: bei vielen Borderline-Persönlichkeiten glätten sich mit zunehmendem Alter (um die vierzig herum) die Wogen von selbst einigermaßen (siehe Illustration 42 »Falls Sie der Meinung sein sollten …«).

Hilflos und untertänig

Die abhängige Persönlichkeit

Kennzeichen

Hilflosigkeit und Unterwürfigkeit sind die Kernbegriffe der abhängigen Persönlichkeit. Abhängige Menschen sehen sich selbst als schwach, inkompetent und unfähig, selbständig ein eigenes Leben aufzubauen. Sie versuchen mit aller Macht, sich an einen starken Partner zu binden, den sie zu brauchen glauben, um glücklich zu sein, und der wie ein Puffer zur bösen Außenwelt fungiert. Leider haben sie oft so große Eile, einen Partner zu finden, dass sie sich am Erstbesten, der positive Signale zurücksendet, festklammern, was natürlich das Risiko einer Enttäuschung in sich birgt (siehe Illustration 43 »Kann ich noch nein sagen ...«).

Im anfänglichen Kontakt können sie einen sehr angenehmen Eindruck machen. Sie sind aufmerksam, hören ihrem Gegenüber gerne zu und nehmen eine sehr flexible und kooperative Haltung ein. Ihr Selbstvertrauen ist allerdings niedrig. Sie brauchen viel Zustimmung und Bestätigung. Das kann wiederum an die Größenphantasien des Gegenübers appellieren. Meistens dauert es aber nicht lange, bis der Mangel an Tatkraft und das Fehlen einer eigenen Meinung anderen auf die Nerven fällt. Aus sich selbst heraus wird ein abhängiger Mensch nicht so leicht Initiative ergreifen, sondern er wartet passiv auf Signale aus seiner Umgebung, was zu tun ist (siehe Illustration 44 »Titia ...«). Der Grundgedanke der Abhängigen lautet: »Ich bin schwach und hilflos.« Daraus erwachsen wieder andere Gedanken wie: »Wenn ich verlassen werde, bin ich erledigt« oder »Ohne jemanden, der für mich sorgt, werde ich nie glücklich.«

43 »Kann ich noch nein sagen, oder sind wir an dieser Station
schon vorbei?«

44 *»Titia ... Ich bin fertig mit dem Buch.«*

Das untertänige Verhalten von Menschen des abhängigen Persönlichkeitstyps kann unterschiedliche Reaktionen hervorrufen, was zum Teil davon abhängt, wie lange man sich schon damit auseinandersetzt. Der erste Eindruck kann positiv sein, man bekommt selbst schließlich sehr viel Platz eingeräumt. So viel Platz, dass manche Menschen auf die Idee kommen, zu erkunden, wie weit sie gehen können. Manchmal ist das sehr weit (siehe Illustration 45 »Wir waren *gestern* hier verabredet.«). Es ist nicht ausgeschlossen, dass die Dame auf der gegenüberliegenden Seite versucht hat, ihren abhängigen Freund loszuwerden, aber sich bereits jetzt verkalkuliert zu haben scheint, was die Klebrigkeit des Freundes anbelangt. Oder vielleicht war ihr Plan, endlich einmal eine adäquate Reaktion zu provozieren – falls das der Hintergrund ist, kann sie eigentlich von Glück sprechen, dass er sie überhaupt wissen ließ, dass der Termin gestern war.

Die Klebrigkeit der abhängigen Persönlichkeit geht anderen auf die Nerven und provoziert eine dominante Haltung der Gegenseite oder verstärkt eine solche Haltung. In einigen Fällen kann Letzteres so aus dem Ruder laufen, dass eine Art sadomasochistische Beziehung entsteht.

Abhängige Persönlichkeiten machen einen hilflosen Eindruck. An der Seite einer stärkeren Persönlichkeit können sie einigermaßen gut funktionieren – Panik ergreift sie beim Gedanken an Selbständigkeit. Sie suchen sich einen stärkeren Partner, der die Außenkontakte für sie reguliert und die wichtigen Entscheidungen im Leben für sie treffen kann. Für manche Partner ist das eine durchaus attraktive Rolle, appelliert sie doch an ihre Retterphantasien. Schon bald wird es aber einengend und erstickend. Versuche, den anderen zu einem selbständigeren Funktionieren zu animieren, sind zum Scheitern verurteilt, denn der Denkfehler, den die abhängigen Persönlichkeiten machen, ist der, dass sie Selbständigkeit mit Einsamkeit gleichsetzen.

Vor allem, wenn der Partner selbst auch keinen besonders festen Stand hat, kann es passieren, dass er es nicht übers Herz bringt, der ab-

45 »*Wir waren* gestern *hier verabredet.*«

hängigen Persönlichkeit den Laufpass zu geben. Sie kann eine derart große Hilflosigkeit ausstrahlen, dass beim Partner die Angst entsteht, durch
Beendigung der Beziehung eine Katastrophe anzurichten (siehe Illustration 46 »Ich fand ihn damals so bedauernswert …«).

Wie die vermeidenden Persönlichkeiten sind auch die abhängigen
sehr ängstlich im Umgang mit anderen, allerdings in erster Linie aufgrund des starken Bedürfnisses, beschützt und versorgt zu werden. Eine
vermeidende Persönlichkeit geht aus Angst vor Kritik Beziehungen aus
dem Weg, eine abhängige Persönlichkeit klammert sich an die Beziehung. Sie ist dann ständig in Sorge, sie könnte im Stich gelassen werden,
und tut alles, um es dem Partner auch auf lange Sicht recht zu machen
(siehe Illustration 47 »Nun genieße du doch mal.«).

Abhängigen Menschen fällt es extrem schwer, ohne die permanente
Zustimmung und Bestätigung durch andere auch nur die kleinsten All-
tagsentscheidungen zu treffen. Ihre automatische Reaktion ist, sich den
anderen zu fügen, oder zu versichern, dass sie der gleichen Meinung
sind, auch wenn das in Wirklichkeit gar nicht stimmt. Manche Menschen haben so große Angst vor Ablehnung oder dem Verlassenwerden,
dass sie nie wirklich lernen, ihre eigene Meinung zu vertreten oder, noch
schlimmer, kaum die Fähigkeit entwickeln, sich überhaupt eine eigene
Meinung zu bilden. In dieser Hinsicht sind sie manchmal mit dem kom-
plementären Charakter des Partners gut »bedient« (siehe Illustration 48
»Hans, ich weiß es nie so genau …«).

Der Alltag
Einer Sache sind sich abhängige Persönlichkeiten ganz sicher: alleine
geht es nicht. Die extremen Repräsentanten werden Sie also in Beziehungen, in denen sie vollkommen dominiert oder sogar ausgenutzt werden, vorfinden. Dabei muss es sich nicht notwendigerweise um eine
Partnerbeziehung handeln, auch eine abhängige Beziehung zu einem Elternteil ist denkbar. Wenn jemand mit einer abhängigen Persönlichkeit

46 *»Ich fand ihn damals so bedauernswert. Na ja, dann haben wir halt geheiratet.«*

47 *»Nun genieße du doch mal.«*

48 »Hans, ich weiß es nie so genau bei dir ... Darf ich das schön finden?«

einmal einen Partner hat, ist der Gedanke, diesen zu verlieren, derart furchterregend, dass es passieren kann, dass so jemand es vorzieht, sich jahrelang missbrauchen oder ausbeuten zu lassen. Die Ausbeutung kann enorme Ausmaße annehmen, etwa, wenn jemand körperliche Gewalt gegen sich selbst toleriert oder jahrelang die Augen vor den offensichtlichen außerehelichen Eskapaden des Partners verschließt. Es kann auch etwas subtiler zugehen, beispielsweise, wenn jemand immer wieder seine oder ihre Bedürfnisse und Wünsche ausklammert (siehe Illustration 49 »Hast du jetzt alles?«).

Wenn die Beziehung dann doch zu Ende geht, vielleicht, weil sich der Partner aus dem Staub macht, suchen abhängige Persönlichkeiten blitzschnell jemand anderes, der als Quelle der Versorgung und Unterstützung herhalten kann. Abhängige Menschen sind empfänglich für die Verführung durch charismatische Personen, beispielsweise Sektenführer oder auch die Anführer von politischen Parteien oder aktivistischen Gruppierungen. Es kann auch vorkommen, dass sie sich in der Arbeit übermäßig an ihren Vorgesetzten binden.

Umgangsregeln
Eines der größten Probleme im Umgang mit der abhängigen Persönlichkeit ist die Tatsache, dass ihr der Gedanke an Selbständigkeit und Autonomie furchterregend erscheint, weil sie gleich weniger hilflos wäre und davon ausgeht, dann verlassen zu werden. Jeder Versuch, eine abhängige Persönlichkeit zu verändern, wird auf heftigen Widerstand stoßen, wenn dieses zentrale Problem nicht gesehen wird. Sollten Sie einer abhängigen Persönlichkeit helfen wollen, sich zu verändern, besteht der erste Fallstrick darin, dass die Person zu stark an ihre Retterphantasien appelliert. Nach einer gewissen Zeit entdecken Sie, dass Sie es sind, der über den gesamten Veränderungsprozess Regie führt, und es dennoch nicht vorangeht. Aus Verärgerung darüber nehmen Sie die Zügel straffer zur Hand und, falls das nichts hilft, werfen die Flinte ins Korn. Eine Veränderung

49 »Hast du jetzt alles?«

50 »Lass mich mal was für dich aussuchen, sonst nimmst du
wieder das Falsche.«

kann aber sowieso nur ganz allmählich, Schritt für Schritt, stattfinden, eine »Friss oder stirb«-Haltung einzunehmen, hat keinen Sinn. Manchmal sind die alltäglichen, sozialen Fertigkeiten oder die Fähigkeit, Probleme zu lösen, schon so lange nicht mehr zum Einsatz gekommen oder von vorneherein unterentwickelt geblieben, dass die Methode »Vogel friss oder stirb« nur zu neuen Fehlschlägen führt.

Das heißt nicht, dass Veränderung unmöglich ist. Häufig leiden abhängige Menschen selbst stark unter der Situation und können demzufolge durchaus die Motivation zur Veränderung mitbringen. Es ist meist besser, im Zusammenhang mit der angestrebten Veränderung keine langfristigen Ziele zu benennen. Am Anfang sind diese Ziele gar nicht erstrebenswert. Auch allgemein formulierte Ziele, wie »selbständiger werden« oder »mehr Autonomie«, könnten sich als kontraproduktiv erweisen. Es ist besser, kleine, konkrete Schritte zu formulieren, wie etwa »entscheiden, wo wir das nächste Mal essen gehen« oder »beim nächsten Geburtstagsbesuch minimal eine halbe Stunde lang außer Reichweite meines Partners bleiben«.

Wichtig ist auch, dass die abhängige Persönlichkeit lernt, sich solche Schritte selbst zu überlegen. Der Automatismus, sich in einer Gesprächssituation völlig vom Gegenüber leiten zu lassen, kann so ausgeprägt sein, dass auch hier die Initiative dem anderen überlassen wird (siehe Illustration 50 »Lass mich mal was für dich aussuchen ...«). Letzteres ist auch ein Fallstrick in der Psychotherapie – dann wird der Therapeut zum großen Anführer und Ratgeber.

Kontrolle und Perfektion

Die zwanghafte Persönlichkeit

Kennzeichen

Kontrolle und Perfektion sind die Kernbegriffe der zwanghaften Persönlichkeit. Die Repräsentanten dieses Persönlichkeitstyps sind rigide und lieben Sauberkeit, Übersichtlichkeit und Vorhersehbarkeit.

Der klassische Vertreter ist an seinem gepflegten Äußeren und der ordentlichen Wohnumgebung zu erkennen. Im Gegensatz zum Narzissten, der ja auch sehr gepflegt aussehen kann, ist der Zwanghafte allerdings farblos. Der Narzisst ist extravertiert, der Zwanghafte fällt ungern auf. Sein Aussehen ist meistens gepflegt und immer wohlüberlegt, aber nicht extravagant. Ähnlich wie bei der vermeidenden Persönlichkeit treffen wir auch hier auf das Erscheinungsbild eines Mauerblümchens und finden eine wenig abwechslungsreiche Garderobe, die aus vorwiegend blassfarbenen Kleidungsstücken besteht, vor. Nichts an der Wohnungseinrichtung ist unüberlegt. Sessel und Sofa sind auf den Zentimeter genau aufgestellt und daran soll auch nichts geändert werden. Die Bücher und CDs stehen exakt in Reih und Glied. Alles hat seinen festen Platz und wenn es möglich ist, wird beim Aufstellen und Aufhängen auf Symmetrie geachtet (siehe Illustration 51 »Warum ist hier so ein Durcheinander?«).

Zwanghafte Menschen sind mit ihrer Aufmerksamkeit allerdings so intensiv beim Perfektionieren von Details, dass sie den Blick für das Ganze verlieren. So kann es zum Beispiel vorkommen, dass verschiedene Aspekte der Einrichtung perfekt in Ordnung sind, die einzelnen Komponenten aber nicht gut aufeinander abgestimmt sind, so dass das End-

51 »Warum ist hier so ein Durcheinander?«

ergebnis geschmacklos ist oder sogar einen unordentlichen Eindruck macht. Zwanghafte Persönlichkeiten sind außerdem nicht gut darin, Dinge wegzuwerfen. Durch diese Unfähigkeit stapelt sich so manches; beispielsweise werden alle Zeitungsbeilagen endlos aufbewahrt, bis regelrechte Papiersäulen entstanden sind.

Ein weiteres Kennzeichen ist Geiz. Wie kaum jemand anderes ist sich der zwanghafte Mensch der Unsicherheit der Zukunft bewusst und so muss Geld angehäuft werden für zukünftige Katastrophenfälle. Die Wohnung, der Vorrats- und der Kleiderschrank werden mit Schnäppchen aufgefüllt. Auch mit ihrer Zeit gehen sie nicht großzügig um; sie haben ihren eigenen Zeitplan und es fällt ihnen schwer, sich anzupassen, wenn dieser durchkreuzt wird. Ein zwanghafter Chef wird danach streben, extrem effizient mit seiner Zeit umzugehen, auch wenn er dabei aus dem Auge verliert, dass es der Arbeitslaune und der Produktivität zugute käme, wenn er seinen Mitarbeitern mehr Aufmerksamkeit schenken würde. Bei manchen Menschen führt die Zwanghaftigkeit zu einem spartanischen Lebensstil. Der Thermostat ist immer knapp zu niedrig eingestellt, die Beleuchtung ist spärlich. Sie schalten immer das Licht in den Räumen aus, die sie verlassen, was zur Folge hat, dass ihre Mitbewohner im Halbdunkeln nach dem Lichtschalter tasten müssen. Telefongespräche fallen kurz aus, vor allem dann, wenn der zwanghafte Mensch selbst angerufen hat und somit für die Gesprächskosten aufkommt. Auch wenn ein Mensch mit zwanghafter Persönlichkeit genügend Geld hat, ist ihm eine Haushaltshilfe zu teuer oder er bezahlt sie so schlecht, dass sie nach kurzer Zeit kündigt. Letztlich kann es so weit kommen, dass der perfektionistische Mensch in einer etwas heruntergekommenen Umgebung lebt. Manche Repräsentanten dieses Charaktertyps sparen aber auch bei allem … (siehe Illustration 52 »Ach Gott …«).

Entscheidungen zu treffen ist für diese Menschen extrem schwierig, denn Fehler machen ist schrecklich. Wenn unklar ist, was denn die richtige Entscheidung wäre, kann das eine lähmende Wirkung auf sie haben.

52 *»Ach Gott, ach Gott, sparen wir jetzt auch schon beim Thymian?«*

53 »Seit ich mit dir zusammen bin, habe ich noch keinen Tag gelacht.«

Sie brauchen insgesamt lange für eine Entscheidung, manchmal so lange, bis die Entscheidung hinfällig geworden ist. Wenn sie allerdings einmal einen Beschluss gefasst haben, sind sie nicht ohne weiteres wieder davon abzubringen. Mit großem Starrsinn werden die Dinge dann genau so gemacht, wie sie es sich in den Kopf gesetzt haben. Notfalls sagen sie auch einmal »ja«, wenn sie »nein« meinen. Spontaneität kann man bei ihnen lange suchen. Ganz allgemein fällt es den Zwanghaften schwer, mit Mehrdeutigkeit und Unsicherheit zurecht zu kommen, Emotionen zu erkennen und darüber zu sprechen (siehe Illustration 53 »Seit ich mit dir zusammen bin ...«). Emotionen, mit denen sie sich besser auskennen, sind Enttäuschung, Reue und Angst. Wenn wirklich etwas schief geht, können sie leicht trübsinnig oder depressiv werden.

Die zentrale Angst der zwanghaften Charaktere ist, dass ihnen die Dinge entgleiten und sie überrumpelt werden. Um das zu verhindern und zu kompensieren, wird ein System aus Regeln errichtet. Wenn sie etwas erreichen wollen, werden sie versuchen, die größtmögliche Kontrolle über ihr eigenes Verhalten und das der übrigen Beteiligten zu bekommen. Dabei gehen sie strikt nach einem einheitlichen Schema vor – andere fühlen sich davon unter Druck gesetzt oder vor vollendete Tatsachen gestellt. Oft bleiben zwanghafte Menschen in Details hängen und verfehlen ihr Ziel oder erreichen es nur nach langer Verzögerung. In manchen Fällen bleiben sie schon in der Vorbereitung stecken und kommen gar nicht erst zur wirklichen Arbeit (siehe Illustration 54 »Oder soll ich lieber gar nicht promovieren ...«).

Menschen mit dieser Art von Persönlichkeit legen die Meßlatte unangemessen hoch – bei sich genauso wie bei anderen. Andere Menschen können sie regelmäßig zur Weißglut treiben, nicht nur, indem sie hohe Anforderungen an sie stellen, sondern weil sie zugleich völlig rigide und detaillierte Vorstellungen darüber haben, wie das Ziel genau zu erreichen ist (siehe Illustration 55 »... aber lassen Sie die Soße ...«).

54 »Oder soll ich lieber gar nicht promovieren, was meinst du, Ans?«

55 »... aber lassen Sie die Soße vor allem nicht zu mollig werden,
lieber luftig und federleicht und nur ein Hauch Estragon und zurück-
haltend mit dem Balsamico-Essig und ...«

Zwanghafte Menschen sind über die Maßen in der Arbeit engagiert, auf Kosten von Entspannung und Freundschaften – richtige *workaholics* also. Sie haben ständig die Vorstellung, dass sie etwas Nützliches tun müssen. Wenn sie dann in Urlaub gehen, nehmen sie den Perfektionismus selbstverständlich mit, so dass für Mitreisende deutlich weniger Urlaub dabei herauskommt, als sie sich vorgestellt haben dürften (siehe Illustration 56 »Wie viele romanische Kirchen noch, Geert?«).

Eine zwanghafte Persönlichkeit ist nicht dasselbe wie eine Zwangsstörung. Letzteres, auch obsessiv-kompulsive Störung genannt, äußert sich in Symptomen wie Angst vor Schmutz und Kontrollzwang. Menschen mit dieser Diagnose sind jeden Tag stundenlang mit allerlei Ritualen, wie Reinigen des Hauses, Händewaschen oder dem Kontrollieren von Schlössern oder dem Gashahn, beschäftigt. Eine Zwangsstörung kann das Alltagsleben der Betroffenen völlig in Beschlag nehmen und sehr hartnäckig und beeinträchtigend sein. Im Prinzip kann sie mit Medikamenten oder Verhaltenstherapie behandelt werden. Menschen mit einer zwanghaften Persönlichkeit haben also nicht eine milde, chronische Form dieser Störung, sie haben nicht einmal ein erhöhtes Risiko, diese Störung zu bekommen.

Der Alltag

Zwanghafte Persönlichkeiten arbeiten nicht gerne im Team, es sei denn, sie haben zugleich eine sadomasochistische Veranlagung. Sie ärgern sich zu viel über die Art und Weise, wie ihre Kollegen arbeiten – und umgekehrt. Auch das Delegieren von Aufgaben ist ihnen ein Gräuel, denn nicht zu delegieren erspart ihnen eine Menge Unsicherheit und Kontrollausübung. Der Perfektionismus und die Hingabe an die Arbeit können bei den milderen Ausprägungsformen selbstverständlich ihre Vorteile haben. In manchen Positionen (Flugdienstleiter, Chirurgen, Internisten, Wirtschaftsprüfer) ist jemand mit einem Hauch Zwanghaftigkeit beruhigend für andere.

56 *»Wie viele romanische Kirchen noch, Geert?«*

57 »Ich muss etwas früher weg, den Rest mache ich dann zu Hause.«

58 *»Würden Sie zum Ende kommen wollen?«*

Für die Umgebung hat es durchaus auch bequeme Seiten: weil es für einen zwanghaften Menschen ja nur eine Art gibt, etwas richtig zu machen – nämlich *seine* Art –, wird er Ihnen relativ häufig die Arbeit aus der Hand nehmen (siehe Illustration 57 »Ich muss etwas früher weg …«). Der Nachteil ist, dass dies bald eine bremsende und kontraproduktive Wirkung zeigt und alles in Details versandet (siehe Illustration 58 »Würden Sie zum Ende kommen wollen?«).

Hinzu kommt, dass zwanghafte Menschen die störende Angewohnheit haben, ihren Kollegen ständig das Gefühl zu geben, sie arbeiteten unter Niveau, schludrig und unüberlegt. Wenn alle der Meinung sind, dass es dieses eine Mal eine gute Sache wäre, ausnahmsweise von den festen Vorschriften und Vorgehensweisen abzuweichen, können Sie sich dafür eine Predigt einfangen über die Bedeutung der Vorschriften, deren geschichtlichen Hintergrund und wie groß das Risiko nun ist, dass wir uns auf einen steilen Abhang hin bewegen … und so weiter und so weiter, so dass der zwanghafte Mensch bald Bekanntheit als Dauer-Bedenkenträger erlangt (siehe Illustration 59 »Er hat hier in erster Linie …«).

Dieses Verhalten beschränkt sich selbstverständlich nicht auf die Arbeitssituation, auch Mitbewohner und Freunde werden ordentlich auf die Probe gestellt. Zwanghafte Charaktere werden somit als übertrieben gewissenhaft und als starr und dickköpfig erlebt (siehe Illustration 60 »Ich weiß, dass du es durch und durch gut meinst …«).

Umgangsregeln
Extrem zwanghafte Menschen können sich lähmend auf die Produktivität auswirken – nicht nur auf ihre eigene, sondern auch auf die der Menschen, mit denen sie zusammenarbeiten müssen. Falls möglich, sollte man sie in einer eher isolierten Position in der Organisation unterbringen. Wenn das gelingt, ist es für alle Beteiligten von Vorteil und es verhindert, dass die Kollegen ihre Zuflucht in härteren Maßnahmen neh-

59 »Er hat hier in erster Linie eine beratende Funktion.«

60 »Ich weiß, dass du es durch und durch gut meinst, aber ich bin es
    so leid mit dir, Henk.«

men (siehe Illustration 61 »Ihn bei einem Fehler zu ertappen, gelingt nicht ...«).

Das Tragische an dem unproduktiven Verhalten der zwanghaften Person ist die Tatsache, dass dieses in dem starken Bedürfnis begründet ist, es richtig zu machen und den Menschen zu helfen. Das erklärt auch die Unfähigkeit, Entscheidungen zu treffen: Wo eine Entscheidung gefällt wird, ist vielleicht jemand nicht ganz zufrieden. Manchmal können bestimmte Dinge auch zügig erledigt werden, wenn man der zwanghaften Person vorher beim Entscheidungsprozess beisteht. Wichtig dabei ist, dass Sie vorsichtig zu erkunden suchen, was genau die Entscheidung verhindert. Fürchtet sich der zwanghafte Mensch vielleicht vor der Reaktion einer bestimmten Person? Besprechen Sie dann, wie mit möglichen negativen Reaktionen umzugehen wäre, aber betonen Sie vor allem, dass die verdächtigte Person bei Gott nicht zimperlich ist und durchaus einiges verträgt.

Sagen Sie dem zwanghaften Mitarbeiter für die Zeit nach der Entscheidung Ihre Unterstützung zu (und halten Sie sich daran). Darüber hinaus kann es auch helfen, alle Vor- und Nachteile einer bestimmten Entscheidung gemeinsam aufzulisten, auf die einzelnen Punkte Gewichte zu verteilen und so das Ganze eher mathematisch anzugehen. Berücksichtigen Sie in einer solchen Berechnung auch die Nachteile einer ausbleibenden oder einer verzögerten Entscheidung. Es kann sein, dass ihr zwanghafter Mitstreiter diese einfache Problemlösetechnik noch nicht beherrscht.

Solche Strategien können auch sehr nützlich sein, wenn man einem zwanghaften Menschen eine bereits gefällte Entscheidung nahe bringen soll. Sollten Sie selbst daran gewöhnt sein, Ihre Entscheidungen eher intuitiv zu treffen, beispielsweise, indem Sie sich die Entscheidungen zunächst vorstellen und dann Ihrem Gefühl folgen, machen Sie sich bewusst, dass so etwas für einen zwanghaften Charakter unbegreiflich ist. Vielleicht müssen Sie sich also im Nachhinein noch extra dafür ein-

61 »Ihn bei einem Fehler zu ertappen, gelingt nicht. Könnten Sie nicht
für mich versuchen, ihn wegzuekeln?«

setzen, Ihren zwanghaften Mitarbeiter oder Kollegen zu überzeugen. Das kostet extra Zeit, kann sich aber lohnen.

Wenn Sie am Arbeitsplatz mit einem zwanghaften Entscheidungsvermeider zu tun haben, kann bei Ihnen die Neigung entstehen, ihm die eine oder andere Fragestellung erst gar nicht mehr vorzulegen. Das ist ein verständliches Ansinnen, aber vernünftig ist es meistens nicht. Der Zeitgewinn, der sich daraus ergibt, wird vom Zeitverlust, der auftritt, wenn der zwanghafte Mitarbeiter erkennt, dass er übergangen wurde, mehr als aufgehoben. Auf lange Sicht dürfte es lohnender sein, sogar mehr Ratschläge als bisher einzuholen, vor allem bei Angelegenheiten, bei denen eigentlich nur eine Entscheidung möglich ist. Beispiel: Sie haben die Entscheidungsbefugnis über Ankäufe bis zu einem bestimmten Höchstbetrag und haben für einen Kauf innerhalb Ihrer Befugnis verschiedene Angebote eingeholt. Wenn eines dieser Angebote nun klar und deutlich das beste ist, legen Sie den geplanten Kauf dann trotzdem noch Ihrem zwanghaften Chef vor. In einem solchen Fall wird er sich ziemlich schnell Ihrer Meinung anschließen – das gibt Ihnen beiden ein gutes Gefühl und im Kopf Ihres Chef setzt sich die Überzeugung fest: »Dieser De Vries hält sich wenigstens an die Regeln!« Davon können Sie später wieder profitieren.

Scham und Versagensangst

Die vermeidende Persönlichkeit

Kennzeichen

Scham und Versagensangst sind die Kernbegriffe der vermeidenden Persönlichkeit. Menschen mit dieser Persönlichkeit sind extrem schüchtern und fürchten sich vor dem Urteil anderer. Sie fühlen sich inkompetent, weniger wert als andere und haben immer Angst, zurückgewiesen zu werden oder sich in Gegenwart anderer lächerlich zu machen. Durch ihre extreme Versagensangst verhalten sie sich derart seltsam oder ausweichend, dass sie tatsächlich das Risiko laufen, von anderen seltsam gefunden zu werden. Das, wovor sie so große Angst haben – dass sie erröten könnten, die richtigen Worte nicht finden, nervös wirken könnten –, trifft bei ihnen mit größerer Wahrscheinlichkeit ein als bei anderen Menschen (siehe Illustration 62 »Oh, das ist mein Freund ...«).

Das ist allerdings nicht der Kern des Problems. Sie sind vielmehr so stark auf sich selbst ausgerichtet, dass sie schneller als andere Menschen minimale Empfindungen bei sich selbst registrieren. Wenn sie spüren, dass ihnen warm wird, haben sie sogleich die Vorstellung, einen knallroten Kopf zu haben – dann ist ihnen aber meist noch gar nichts anzusehen. Hinzu kommt, dass sie wilde Phantasien darüber hegen, was andere davon halten könnten. Sie gehen sofort davon aus, dass ihr Gegenüber das Erröten nicht nur bemerkt, sondern es auch störend und absonderlich finden wird. Der Gedanke, dass ein anderer Mensch das Erröten auch normal finden könnte oder vielleicht sogar charmant oder dass er gar nichts Spezielles darüber denkt, taucht bei ihnen nicht auf. Aber damit ist die vermeidende Persönlichkeit noch nicht fertig mit den

62 *»Oh, das ist mein Freund. Er ist ein bisschen schüchtern.«*

Schlussfolgerungen, die sie sich anhand dessen zurechtlegt, was der andere alles denken wird. Das Urteil des anderen lautet ihrer Meinung nach nämlich nicht:»Ach Gott, heute ist sie offensichtlich ein wenig nervös«, sondern:»Was für ein Nervenbündel, was für ein schrecklicher Mensch!«

So geraten diese Menschen in einen Teufelskreis, in dem sie sich immer noch schlimmere Vorstellungen über soziale Kontakte machen und allerlei Entschuldigungen bedenken, um sich, soweit es geht, zu entziehen. Geburtstagseinladungen werden mit dem Hinweis auf andere Verpflichtungen oder mit einer vorgetäuschten Erkältung abgesagt. An eine Beziehung oder Freundschaft wagen sie sich nicht heran, es sei denn, sie könnten auf irgendeine Weise vorab ganz sicher gehen, dass sie akzeptiert und nett gefunden werden. Manche kommen kaum aus einem kleinen Kreis von engen Familienangehörigen heraus.

Es ist eine große Angst vorhanden, aufzufallen. Menschen mit dieser Art von Persönlichkeit kleiden sich so unauffällig wie möglich, sitzen wie Mauerblümchen auf Geburtstagsfeiern und anderen Festen herum und glauben, sie hätten ja sowieso nichts Interessantes zu melden. Das Ergebnis dieses farblosen Verhaltens und der abwartenden Haltung ist natürlich, dass sie von vielen Menschen komplett negiert werden (siehe Illustration 63 »Aber nein …«). Sie begeben sich in eine mehr oder weniger verdeckte Stellung und schauen andere Menschen nicht an, so dass diese eine größere Schwelle als üblich überwinden müssen, um sie anzusprechen. Wenn jemand das dann dennoch probiert, bekommt er so wenig Reaktion, dass ihn das Gefühl beschleicht, der Gesprächspartner fühle sich nicht wohl, und seinerseits zurückweicht. Es kann auch passieren, dass das Verhalten als Desinteresse gewertet wird und Irritation hervorruft (siehe Illustration 64 »Oh, da ist ja Els mit ihrer Stehlampe.«).

Im Gegensatz zur schizoiden Persönlichkeit, die Kontakte ebenfalls weitgehend vermeidet, sehnt sich die vermeidende Persönlichkeit aber

63 »Aber nein! Die amüsiert sich bestens.«

64 *»Oh, da ist ja Els mit ihrer Stehlampe.«*

65 *»Warum kennen wir so wenig interessante Menschen?«*

nach einer ganz normalen Teilhabe am sozialen Leben. Sie hätte gerne Freunde und intime Kontakte, würde gern ihre Meinung nach außen vertreten, aber die Angst, verletzt oder abgelehnt zu werden, hindert sie daran, den ersten Schritt zu machen. Durch das extreme Vermeidungsverhalten, das oft schon in der Jugend seinen Anfang nimmt, kann es solchen Persönlichkeiten an den grundlegendsten sozialen Fertigkeiten fehlen. Meistens haben sie zwar Phantasien darüber, dass es schon irgendwann einmal gut werden wird, aber dann durch eine Art von magischer Lösung, denn sie haben keine Vorstellung, wie sie die Sache anpacken sollen (siehe Illustration 65 »Warum kennen wir …«).

Eine weitere Komplikation bei der aktiven Suche nach Lösungen ist die Tatsache, dass sie häufig ängstlich und trübsinnig gestimmt sind und diese Gefühle gleichzeitig schlecht vertragen. Statt also aktiv etwas zu unternehmen, versuchen sie diese Gefühle zu vermeiden, indem sie keinerlei Kontakte knüpfen oder sie mit Hilfe von Alkohol oder Beruhigungsmitteln abschwächen.

Die zentrale Angst der vermeidenden Persönlichkeit ist es, enttarnt zu werden. »Wenn die Leute mich erst besser kennenlernen, werden sie sehen, wie ich wirklich bin, und sich von mir abwenden. Und das ist unerträglich.« Auf dem Bild nebenan sehen Sie, wie der Alptraum eines vermeidenden Mannes Wirklichkeit wird (siehe Illustration 66 »Du bist ein lieber, verletzlicher Mann …«).

Der Alltag

Vermeidende Persönlichkeiten sind am liebsten zu Hause. Sehr glücklich fühlen sie sich dort aber nicht, die Entbehrung ist zu groß. Nach der kurzzeitigen Erleichterung über einen abgesagten Termin melden sich Gewissensbisse und Selbstmitleid ob des eingeschränkten Daseins. Oft arbeiten sie unter ihren intellektuellen Möglichkeiten, weil sie sich einen Arbeitsplatz suchen, an dem sie viel alleine arbeiten können und nicht oft mit anderen in Meetings und dergleichen sitzen müssen. So sind

66 »Du bist ein lieber, verletzlicher Mann, Dick ... Aber seit ein paar
    Jahren sind die Straßen mit lieben, verletzlichen Männern geradezu
    überschwemmt.«

sie in Positionen tätig, wo sie so wenig wie möglich in Kontakt mit anderen Menschen kommen. In der Mittagspause haben sie meist noch was zu erledigen, so dass sie nicht in die Kantine mitkommen können. Auch Firmenfeste und Empfänge werden mit allerlei Ausreden umgangen. An Versammlungen nehmen sie schweigend teil, Kritik wird zurückgehalten oder erst im Nachhinein oder in deutlich abgeschwächter Form vorgebracht (siehe Illustration 67 »Weißt du ...«).

An eine Beziehung wagen sie sich nur heran, wenn sie schon vorab sicher sein können, akzeptiert zu werden. Wenn die Beziehung dann einmal besteht, scheuen sie keine Mühe und lassen notfalls ihre eigenen Bedürfnisse mit Füßen treten, um es dem Partner recht zu machen. Ein gesunder Konflikt von Zeit zu Zeit ist wirklich nicht ihr Ding. Für manche Partner kann das eine verlockende Situation sein; sie können tun und lassen, was sie wollen, und bekommen so gut wie nie Kritik zu hören – oder erst in einer zu späten Phase, wenn nichts mehr zu retten ist (siehe Illustration 68 »Dieses gemeinsame Wochenende ...«).

Ein Nachteil ist aber, dass der abhängige Partner auf Partys und dergleichen ständig an ihnen klebt. Bei wieder anderen Partnern geht der Mangel an Schwung und Widerstand irgendwann einmal in die entgegengesetzte Richtung los und bringt sie in Rage (siehe Illustration 69 »Mit dir streiten ...«).

Umgangsregeln

Die natürliche Reaktion auf Vermeider kann sich in zwei Richtungen bewegen: Entweder man lässt den Vermeider links liegen oder man will ihn zum Kontakt »zwingen«. Wenn Sie die vorhergehenden Kapitel gelesen haben, dann wissen Sie bereits, dass es keine gute Idee ist, hier einer intuitiven Reaktion zu folgen. Welche Herangehensweise vernünftig ist, hängt zunächst stark vom Ernst des Problems ab, es hat jedenfalls keinen Sinn, den Vermeider nach dem Motto »Friss oder stirb« zu konfrontieren. Im Gegenteil, der Misserfolg ist damit so gut wie vorprogrammiert

67 »Weißt du, was ich ein bisschen ungeschickt finde? Dass wir alles
erst hinterher zu hören kriegen.«

68 *»Dieses gemeinsame Wochenende in Paris, vor drei Jahren,
warum hat das eigentlich nie stattgefunden?«*

69 »Mit dir streiten, das macht wirklich keinen Spaß, weißt du das?«

und trägt seinerseits wieder sein Scherflein bei zum Minderwertigkeits-komplex des Vermeiders. Ein erster wesentlicher Schritt wäre, dass er lernt, seine tagträumerischen Phantasien, wie alles einmal besser werden wird, gegen kurz- oder mittelfristig machbare Zielvorgaben auszutau-schen. Das bedeutet, mit kleinen, übersichtlichen Schritten zu arbeiten. Ein solches Ziel sollte am besten einen konkreten und speziellen Inhalt haben. Also nicht »normal mit meinen Kollegen umgehen«, sondern »nächsten Monat einmal in der Woche in der Kantine Mittagessen und die innere Unruhe, die das mit sich bringt, aushalten«. Die Zielsetzung beinhaltet folglich nicht, dass es ab sofort prima laufen muss und an der Unterhaltung teilgenommen werden muss, sondern nur, dass der Üben-de eine halbe Stunde in der Kantine sitzen bleibt. Dieses Beispiel einer Zielsetzung kann allerdings bereits ein zu großer Schritt für den Anfang eines Veränderungsprogramms sein. Möglicherweise ist es erforderlich, zuerst an der Entwicklung der sozialen Fertigkeiten zu arbeiten: Was kann man tun, wenn man merkt, dass man in einer Unterhaltung tat-sächlich anfängt zu stammeln? Was kann man auf einer Party außer »Und woher kennen Sie die Gastgeberin?« noch alles sagen? Ein wesent-licher Punkt, den Sie mit Ihrem Vermeider besprechen müssen, sind sei-ne irrealen Vorstellungen über andere Menschen. Woher will er denn so genau wissen, dass andere überhaupt sehen, dass er errötet? Könnte es außerdem nicht sein, dass so manch anderer eine völlig andere Meinung hat als die, dass jemand, der errötet, ein absolutes Weichei ist? Und was ist eigentlich so schlimm daran, dass manche Menschen einen nicht so toll finden?

Die Tragik des Vermeiders besteht natürlich darin, dass all seine Aus-weichmanöver ihr Ziel verfehlen beziehungsweise genau das Gegenteil erreichen. Das Versteckspiel fällt anderen auf und diese ärgern sich dar-über, reagieren mit unerwünschten Ratschlägen oder lassen den Vermei-der einfach links liegen (siehe Illustration 70 »Auf der nächsten Ver-sammlung müssen Sie auch einmal etwas sagen …«).

70 »Auf der nächsten Versammlung müssen Sie auch einmal etwas
sagen, Herr van Breukelen, auch wenn Sie nur einen Scherz machen.«

71 *»Niemand hasst mich.«*

Eine große Hemmschwelle für die ersten Schritte zu normaleren sozialen Kontakten ist die Gewissheit, dass diese Schritte mit Gefühlen der Spannung und der Angst einhergehen werden – Gefühle, die die Vermeider gerade so schlecht vertragen. Manchmal denken sie, dass sie die einzigen sind, die damit Probleme haben. Ein beruhigender Gedanke kann sein, dass eigentlich jeder Mensch diese Ängste aus eigener Erfahrung kennt. Ungefähr die Hälfte aller Menschen hat große Probleme damit, öffentlich vor Publikum zu sprechen. Noch mehr Menschen leiden unter Angst vor Prüfungen, Bewerbungs- oder Beurteilungsgesprächen. Aber es gibt noch eine Einsicht, die dabei helfen kann, trotzdem einen Schritt über die Schwelle hinaus zu gehen und die aufkommende Spannung auszuhalten, nämlich die Einsicht, dass, auch dann, wenn wir inaktiv bleiben, sich die anderen Menschen dennoch ein Urteil über uns bilden. Ob man nun etwas unternimmt oder nicht – wir haben letztlich nur einen sehr geringen Einfluss darauf, wie andere uns beurteilen (siehe Illustration 71 »Niemand hasst mich.«).

Distanziert und sonderbar

Die seltsame, exzentrische Persönlichkeit

Die sogenannte seltsame, exzentrische Kategorie (im *Diagnostischen und Statistischen Handbuch Psychischer Störungen* zusammen mit der schizoiden und der paranoiden Persönlichkeitsstörung dem »schizophrenen Spektrum« zugeordnet) umfasst drei Störungen, die in gewisser Weise der Schizophrenie ähneln. Diese ist ein schweres Krankheitsbild, das eine hohe Wahrscheinlichkeit zur Chronifizierung zeigt. Es gibt Hinweise, dass die Störungen, die zur Kategorie »seltsame, exzentrische Persönlichkeit« zählen, genetisch mit der Schizophrenie verwandt sind. Die betroffenen Menschen haben womöglich eine milde Form dieser Krankheit geerbt, weshalb sie weniger und schwächere Symptome zeigen.

Schizophrenie kann alle psychologischen Funktionen sehr stark beeinträchtigen: die Wahrnehmung, das Denken, die Sprache, die Willenskraft und das Gefühl. Zu den Symptomen zählen unter anderem Verfolgungswahn (Betroffene glauben beispielsweise, dass sie über versteckte Mikrophone vom Geheimdienst abgehört werden), Halluzinationen (Stimmen hören, Visionen haben), verwirrtes Denken, verwirrte Sprache und Mangel an Energie und Spannkraft (viele Stunden im Bett verbringen). Nicht alle Patienten haben alle diese Symptome. Die Symptome treten in Schüben (Psychosen genannt) auf, die meistens einige Monate dauern (aber zwischen einem Tag und vielen Jahren variieren können) und mit großer Angst einhergehen. Die Patienten können nur wenig Stress vertragen und haben ein großes Risiko, ins soziale Abseits zu geraten. Medikation kann die Symptome mildern oder beseitigen sowie die Widerstandskraft gegen Stress erhöhen.

Die drei Persönlichkeiten des seltsamen, exzentrischen Typs scheinen jeweils einen Aspekt der Schizophrenie zu vertreten, allerdings in geringerem Maß. Menschen mit einer paranoiden Persönlichkeit leiden vor allem unter Argwohn, es fällt ihnen schwer, anderen zu vertrauen. Die schizoide Persönlichkeit wirkt kühl und distanziert und hat kein Bedürfnis nach menschlichem Kontakt (der Typ »Einsiedler«). Die schizotypische Persönlichkeit hat mehr die bizarren Symptome der Schizophrenie, aber in milderer Ausprägung. Die Betroffenen zeigen ein seltsames Verhalten und haben ungewöhnliche Wahrnehmungen und Ideen (der Exzentriker). Die Ursache dieser drei Persönlichkeiten muss wahrscheinlich in der Genetik gesucht werden. Für die schizotypische Persönlichkeitsstörung gibt es die stärksten Anhaltspunkte für eine Beziehung zur Schizophrenie, für die anderen beiden sind die Ergebnisse der Forschung widersprüchlich.

Paranoide Persönlichkeit

Kennzeichen

Argwohn ist das zentrale Kennzeichen der paranoiden Persönlichkeit. Wo Patienten mit einer paranoiden Schizophrenie fest davon überzeugt sind, dass eine Verschwörung gegen sie läuft (beispielsweise, dass die CIA sie abhört), haben Menschen mit einer paranoiden Persönlichkeit weniger weitreichende Vorstellungen über eine mögliche Bedrohung; in der Regel sind sie auch nicht psychotisch, das heißt, sie haben den Kontakt zur Realität nicht verloren. Trotzdem gehen ihre Vorstellungen weit genug, um den normalen Umgang mit anderen Menschen ernsthaft zu beeinträchtigen.

Paranoide Persönlichkeiten sind fortwährend argwöhnisch und misstrauisch. Die Loyalität von Bekannten und Kollegen wird ständig in Zweifel gezogen und in allerlei alltäglichen Geschehnissen oder Bemerkungen sehen sie vermeintlich Bedrohliches. Es besteht bei ihnen der permanente Verdacht, dass die Motive der anderen nicht lauter sind, und dafür suchen und finden sie allerlei Beweise, unter Missachtung derjenigen Information, die das Gegenteil anzeigt. Ihre zentralen Gedanken sind: »Die anderen sind boshaft und nicht vertrauenswürdig« und »Wenn man anderen die Gelegenheit gibt, schlagen sie zu.« Sie erwarten also, dauernd betrogen, ausgenutzt oder anderweitig benachteiligt zu werden, und sind ständig auf der Hut.

Leider finden sie viele Beweise für ihre Gedanken – die Mitmenschen sind tatsächlich nicht immer guten Willens und außerdem ist das menschliche Verhalten nun einmal komplex und kann verschieden interpretiert werden. Das alles kann dazu führen, dass jemand sich stark zurückzieht oder eine sehr kühle und distanzierte Haltung einnimmt und dabei fortwährend Verdächtigungen von sich gibt (siehe Illustration 72 »Gut so! Sag noch mal was Schmerzhaftes.«).

Enge Freundschaften sind für diese Menschen kaum zu realisieren; sie sehen nie Fehler in ihrem eigenen Verhalten und beschuldigen von vorneherein andere. Sie sind schnell auf hundertachtzig und gehen sofort in den Gegenangriff über. Hinzu kommt, dass sie nicht leicht verzeihen und vergessen, sondern vielmehr auch nach unbedeutenden Ereignissen jahrelang alten Groll hegen können (siehe Illustration 73 »Aber das war 1949 ...«).

Paranoide Persönlichkeiten, die einen Partner haben, zeigen sich sehr dominant und einschränkend bis hin zur Tyrannei. Sie stellen strenge Hausregeln auf und werden nicht nachlassen, die Einhaltung der Regeln notfalls auch mit den Mitteln der Einschüchterung zu erzwingen. Manchmal haben sie ihre Wohnung auf extreme Art und Weise gesichert, was darauf hinweist, dass Angst die zentrale Triebfeder ist. Tief im Inneren geht es hier um einen sehr ängstlichen Menschen, was es für den Partner der paranoiden Persönlichkeit ausgesprochen schwer machen kann, die Beziehung zu beenden. Manchmal hält er den Partner jahre-

72 *»Gut so! Sag noch mal was Schmerzhaftes.«*

73 *»Aber das war 1949! Erzürnt dich das immer noch?«*

74 »Was siehst du in diesem Theo? Er ist nicht einmal hier geboren!«

lang im Klammergriff, indem er behauptet, dass dieser letztlich genauso verdorben ist wie alle anderen und ihn im Stich lassen wird und sein Leben dann keinen Sinn mehr haben wird. Manchmal hält auch die Angst vor körperlicher Gewalt einen Partner davon ab, seine Koffer zu packen.

Paranoide Persönlichkeiten verfallen leicht in stereotypes Denken, indem sie beispielsweise anderen Bevölkerungsgruppen die Schuld an ihren Schwierigkeiten oder allgemein am Unheil in der Welt geben. Die Juden, die Ausländer, die Gewerkschaften oder das Großkapital sind schuld. In etwas weniger extremer Form kommt das »Externalisieren« ziemlich häufig vor, der Vorteil besteht natürlich darin, dass man selbst von der Verantwortung für die Schwierigkeiten oder den Misserfolg freigesprochen ist (siehe Illustration 74 »Was siehst du ...«).

Der Nachteil besteht darin, dass man aus negativen Erfahrungen nichts lernt und somit immer wieder aufs Neue einen Sündenbock suchen muss oder andere Mittel und Wege, um die Verantwortung abzuschieben.

Der Alltag

Paranoide Persönlichkeiten trifft man verschanzt in ihrer Wohnung an, beim Briefeschreiben an Beschwerdekommissionen oder Berufungsinstanzen, inmitten meterhoher Papierberge. Ab und zu gibt es einen Vertreter dieses Persönlichkeitstyps im Fernsehen zu besichtigen, beispielsweise in der Sendung *De Rijdende Rechter*[1], wenn die paranoide Persönlichkeit einen Nachbarn beschuldigt, der ihm angeblich auf die unglaublichste Art und Weise das Leben schwer macht. Andere Fernsehprogramme, in denen sie manchmal vorkommen, sind Programme wie *Spoorloos*[2]; wenn beispielsweise ein Elternteil, das sich aus dem Staub ge-

---

[1] Niederländische TV-Sendung, in der vor Ort Nachbarschaftsstreitigkeiten und andere Konflikte für die Parteien bindend von einem (echten) Richter beendet werden.

macht hat, auch nach 15 Jahren noch nicht bereit ist, mit seiner Tochter oder seinem Sohn darüber zu sprechen, was damals schief gegangen ist.

Umgangsregeln

Es dürfte deutlich geworden sein, dass der Umgang mit einer paranoiden Persönlichkeitsstörung keine leichte Aufgabe ist. In Ihrer Arbeitsumgebung werden Sie gut und gerne auf Menschen mit dieser Art von Persönlichkeit verzichten wollen, weil sie die Atmosphäre vergiften und viel Zeit mit ihren Verdächtigungen vergeuden. Andererseits kommen sie das eine oder andere Mal als Inspirationsquelle gerade recht, wenn Sie einmal Ihre Verantwortung wegschieben wollen (siehe Illustration 75 »Haben Sie vielleicht noch ...«).

In Ihrem persönlichen Leben werden Sie sie auch nicht unbedingt gerne um sich haben. Leider sind sie nicht schnell bereit, sich behandeln zu lassen. Zunächst ist es ja einmal so, dass mit ihnen alles in Ordnung ist, das Problem sind die anderen. Es kann auch vorkommen, dass sie Psychologen nicht ausstehen können.

Der Umgang mit einer paranoiden Persönlichkeit in Ihrem direkten Umfeld ist extrem schwierig. Oft macht es schon Schwierigkeiten, sich nicht durch deren permanentes Misstrauen beleidigt zu fühlen. Manchmal lösen sie auch unangenehme Schuldgefühle aus – dann haben sie mit ihren Anschuldigungen eine empfindliche Stelle getroffen. Alle Versuche, die Person davon zu überzeugen, dass sie Ihnen vertrauen kann, können im Gegenteil ihren Argwohn erst richtig wecken und dadurch kontraproduktiv sein. Es ist besser, das Misstrauen zu akzeptieren und allmählich, durch Ihr Verhalten, Ihre Verlässlichkeit unter Beweis zu stellen. Versuchen Sie, so »durchsichtig« wie möglich zu sein und impulsiv erboste Reaktionen auf irgendwelche Beschuldigungen zu vermeiden.

---

[2] Niederländische TV-Sendung, in der auf Wunsch der Teilnehmer im In- und Ausland bestimmte Personen, zu denen der Kontakt verloren gegangen ist, gesucht werden.

75 »Haben Sie vielleicht noch eine brauchbare Verschwörungstheorie?«

Das heißt nicht, dass Sie sich unangemessenen Ansprüchen beugen müssten. Sagen Sie einfach, dass Sie bei einer Freundin Mittag essen werden, auch wenn Ihr Mann argwöhnische Vorstellungen zu dieser Frau hat. Sie kommen in Teufels Küche, wenn Sie auf Ihre Worte achten müssen, um nicht zu verraten, wo Sie waren. Es gibt einen Bereich, wo es ratsam ist, sich anzupassen, nämlich beim Umgang mit Humor und mildem Spott – damit brauchen Sie nämlich bei einer paranoiden Persönlichkeit gar nicht erst anzukommen. Es kostet Sie nur viel Zeit und Energie, den Schaden, den Sie damit anrichten, wieder gut zu machen.

Schizoide Persönlichkeit

Kennzeichen

Distanziertheit und Mangel an Tiefgang sind die zentralen Kennzeichen der schizoiden Persönlichkeit. Diese Persönlichkeit ähnelt in gewisser Weise einer erwachsenen Spielart des Autismus, aber ohne die Sprachstörungen, die den Autismus kennzeichnen. Es gibt übrigens keine Anzeichen für eine genetische Verwandtschaft von Schizoidie und Autismus.

Ein schizoider Mensch ist wie ein Einsiedler. Er wünscht sich keine Beziehungen mit anderen Menschen und kann bestehende Kontakte nicht genießen. Auf andere macht er einen kühlen, distanzierten und emotional unbeteiligten Eindruck. Seine soziale Kompetenz ist nicht sehr gut entwickelt, Kritik oder Lobesbezeugungen scheinen ihn nicht sonderlich anzusprechen, er geht unbeirrbar seinen Weg, am liebsten allein. Menschen mit schizoider Persönlichkeit sind Einzelgänger, die einer Arbeit nachgehen, die wenig soziale Kontakte erfordert (siehe Illustration 76 »Hast du denn eigentlich …«).

Solche Menschen sind also am glücklichsten, wenn sie alleine sind. Oft besitzen sie zwar die Erkenntnis, dass sie sich in dieser Hinsicht von

76 »Hast du denn eigentlich eine Seele, Anton?«

77 »... und er liest halt viel ...«

78 »Das macht mich total fertig, die immer gleiche Laune bei ihm.«

anderen Menschen unterscheiden, und manchmal unternehmen sie Versuche, Kontakte zu knüpfen (möglicherweise angespornt von besorgten Familienangehörigen). Diese Versuche sind aber zum Scheitern verurteilt: sie wissen schlicht und ergreifend nicht, wie sie eine Unterhaltung in Gang bringen beziehungsweise am Laufen halten sollen. Wichtiger noch, es interessiert sie eigentlich nicht. Manchmal finden sie eine gleichgesinnte Seele, mit der sie so etwas wie einen sozialen Kontakt entwickeln, also beispielsweise gemeinsam Bier trinkend und schweigend ein Fußballspiel im Fernsehen anschauen. Wenn dann nach vielen Jahren einer der beiden wegzieht, hört der Kontakt einfach auf (siehe Illustration 77 »... und er liest halt viel ...«).

Der Alltag

Schizoide Persönlichkeiten halten sich vorzugsweise zu Hause auf. Sie arbeiten am liebsten in einer Funktion mit vielen Computern und wenig Menschen. Kollegen, die mehr Kontakt suchen – weil es sie beispielsweise nervt, mit einem stummen Möbelstück im Hintergrund dazusitzen, oder weil sie sich Sorgen wegen der Einsamkeit des Kollegen machen –, laufen gegen die Wand (siehe Illustration 78 »Das macht mich ...«).

Umgangsregeln

Weil es den schizoiden Personen am Bedürfnis nach Kontakt mangelt, sind die Umgangsmöglichkeiten natürlich begrenzt. An ihnen herumzerren, bringt gar nichts, sondern führt vielmehr zu noch mehr Vermeidungs- und Austernverhalten. Widerstehen Sie dem verführerischen Wunsch, die schizoide Person durch Worte oder Verhaltensweisen aus der Defensive zu locken; der Schuss wird wahrscheinlich nach hinten losgehen (siehe Illustration 79 »Dass du so überhaupt nicht ...«). Am besten ist es, wenn Sie versuchen, die betreffende Person so weit wie möglich ihr Ding machen zu lassen und sie in ihrer Würde nicht zu

79 *»Dass du so überhaupt nicht eifersüchtig bist, ist krankhaft, Dirk!«*

80 »Oh, das ist Harry. Kenne ich von früher. Ist noch immer auf der Suche nach seiner eigenen Identität.«

verletzen. Wenn Sie eine Bindung mit ihr aufbauen wollen, sollten Sie sich dafür großzügig Zeit einräumen und in kleinen Schritten vorgehen. Es kann gut sein, dass Sie dadurch die Erlebniswelt einer schizoiden Persönlichkeit besser kennenlernen und es schaffen, diese zu etwas Initiative anzuregen, um ihr soziales Netz auszubauen. Machen Sie sich keine Illusionen über das Endergebnis.

Die schizotypische Persönlichkeit

Kennzeichen

Seltsame Denkmuster kennzeichnen diesen Persönlichkeitstyp. Auf andere Menschen wirken schizotypische Persönlichkeiten wie Sonderlinge oder Exzentriker. Die Verwandtschaft zur Schizophrenie ist hier am deutlichsten. Das Erscheinungsbild und auch das Verhalten dieser Menschen muten befremdlich an, sie tragen beispielweise gern groteske Kleidungskombinationen (siehe Illustration 80 »Oh, das ist Harry …«). Dazu kann ihr Sprachgebrauch schwammig und diffus sein, gleitet aber in der Regel nicht in völlige Verwirrtheit ab, wie es bei der Schizophrenie passieren kann. Sie hängen seltsamen Ideen und Vorstellungen und eigenwilligen Argumentationen nach, können sehr abergläubisch sein und sind gerne überzeugt vom magischen Denken. Magisch zu denken heißt, zu glauben, dass Gedanken Wirklichkeit werden können, allein durch die Tatsache, dass man sie denkt. Das Gefühlsleben von schizotypischen Personen ist ebenfalls merkwürdig; sie zeigen wenig Emotionen oder aber die Emotionen passen nicht zum Ereignis (wie Lachen in einer tragischen Situation). Die Konzentrationsfähigkeit ist eingeschränkt.

Der Alltag

Auch diese Menschen gehen größtenteils ihrer eigenen Wege; in sozialen Situationen ist eindeutig von Angst die Rede. Durch ihr sonderbares

Verhalten, ihre Umständlichkeit und ihre Konzentrationsprobleme schaffen diese Personen es noch schlechter als eine schizoide Persönlichkeit, in einem normalen Job durchzuhalten. Manchmal gelingt es den milderen Ausprägungsformen, ein Einkommen zu erwirtschaften, indem sie ihre angeblichen Fähigkeiten zu Geld machen. Sie bieten sich beispielsweise als Wahrsager, Heiler oder anderweitig paranormal Begabte an. Der Glaube an diese Phänomene ist derart weit verbreitet, dass manche es verstehen, hier Kunden aufzubauen. Manch einer schafft es sogar, eine Schar von Schülern um sich zu versammeln. Damit soll sicher nicht gesagt werden, dass jeder, der glaubt, eine paranormale Begabung zu haben, eigentlich schizotypisch ist – aber schaden tut es wohl nicht. In Fernsehsendungen über seltsame Charaktere erscheinen mit einer gewissen Regelmäßigkeit Menschen mit einer schizotypischen Persönlichkeit.

Umgangsregeln
Nachdem schizotypische Menschen Angst vor einem mehr als oberflächlichen Kontakt haben, sind die Umgangsmöglichkeiten begrenzt. Auch hier empfiehlt es sich, sie so weit wie möglich ihr Ding machen zu lassen und ihnen nicht zu nahe zu treten. Sie müssen deshalb nicht so tun, als würden auch Sie die Dinge glauben, die eine schizotypische Persönlichkeit glaubt, oder als würden Sie sich vorstellen können, was die schizotypische Persönlichkeit durchmacht. Sagen Sie ruhig, dass Ihnen diese Art von Erfahrung fremd ist. Die schizotypische Persönlichkeit vom Gegenteil überzeugen oder sie unter Kontrolle bringen zu wollen, ohne dass dafür eine zwingende Notwendigkeit besteht, ist allerdings keine gute Idee. Es wird nur zur weiteren Distanzierung beitragen oder als sehr stressig erlebt werden. Das könnte dann wiederum zur Verschlimmerung der Denkbilder führen und zum Verlust des Kontakts zur Realität, bis hin zur Psychose.

Grenzen und Möglichkeiten

Diagnosen, Ursachen und Behandlungsmethoden

Diagnosen

Erkennen Sie sich selbst ein bisschen in der einen oder anderen der beschriebenen Persönlichkeiten? Ich schon. Mehr noch, ich erkenne bei mir Aspekte der Persönlichkeitsstörungen aus jeder der drei Kategorien. Mache ich mir deshalb Sorgen? Aber nein, so bin ich nun einmal …

Wenn auch Ihre Antwort auf die erste hier gestellte Frage »ja« lautet, müssen Sie sich dann Sorgen machen? Wahrscheinlich nicht, so häufig kommen Persönlichkeitsstörungen nicht vor. Es ist gut möglich, dass Sie beim Lesen dieses Buches angefangen haben, an der sogenannten *students' disease* zu leiden, das heißt an der Neigung, allerlei Symptome verschiedener Krankheiten bei sich selbst zu bemerken und fälschlicherweise die Schlussfolgerung zu ziehen, dass etwas bei Ihnen nicht in Ordnung ist (siehe Illustration 81 »Aber nein, es fehlt Ihnen gar nichts …«).

Erkennen Sie jemand anderes in den beschriebenen Typen? Auch hier gilt: bitte Vorsicht und keine übereilten Schlussfolgerungen. Es gibt einige psychologische Mechanismen, die dafür sorgen, dass man schnell geneigt ist zu denken, dieser oder jener Mensch habe einen pathologischen Charakter.

Da gibt es zum einen das Phänomen *Attribution Bias*. Es besagt, dass jeder Mensch in dem Moment, in dem ihm etwas Unangenehmes passiert, für sich selbst andere Maßstäbe anlegt als für andere Menschen. Wenn einem also selbst etwas Ungutes widerfährt, ist bei den meisten Menschen die erste Reaktion der Gedanke, dass es an der Umgebung liegt. Irgend jemand hat sich nicht richtig verhalten oder man hatte ein-

81 *»Aber nein, es fehlt Ihnen gar nichts. Sie sind nur sehr unglücklich, das ist alles.«*

fach Pech. Wenn man sieht, dass einem anderen Menschen etwas Ärgerliches passiert ist, sind die meisten von uns geneigt, eine andere Perspektive zu wählen: es liegt an demjenigen selbst, dem es passiert ist, und nicht an den Umständen. Beispiel: Die Aktien, die mit dem eigenen sauer verdienten Spargeld erworben wurden, sind nach wenigen Monaten dreißig Prozent weniger wert. Die meisten Menschen werden in dieser Situation der Meinung sein, dass sie schlicht und ergreifend das Pech hatten, dass eine unvorhersehbare Stagnation der Wirtschaft eingetreten ist, oder sie geben den inkompetenten Beratern bei der Bank die Schuld. Wenn aber die Aktien von jemand anderem plötzlich stark an Wert verlieren, sind wir schneller geneigt zu glauben, dass derjenige eben nicht so dumm hätte sein dürfen.

Ein zweiter Mechanismus, der zu falschen Schlussfolgerungen führen kann, ist das Phänomen *Confirmation Bias.* Damit wird ausgesagt, dass, wenn wir über begrenzte Informationen über den Charakter eines Menschen verfügen, wir aufgrund dieser Information mehr oder weniger automatisch auch Schlüsse bezüglich anderer Aspekte dieses Menschen ziehen. Es gibt eine Menge sogenannter »impliziter Persönlichkeitstheorien« (IPT), die manchmal zutreffen und manchmal völlig daneben liegen. Beispielsweise, dass eine Person, die gern und viel lacht, bestimmt auch nett oder glücklich ist. Oder dass ein hochintelligenter Mensch vermutlich arrogant ist. Hinzu kommt, dass wir uns selbst im Sinne dieser impliziten Persönlichkeitstheorien verhalten können und dadurch – ohne dass es uns bewusst wird – allerlei Verhaltensweisen bei anderen hervorrufen, die unser Bild bestätigen.

Oder noch stärker: Manchmal wenden wir eine implizite Persönlichkeitstheorie an, obwohl wir gar keine Information über die Person selbst haben, sondern nur einige Äußerlichkeiten kennen oder Dinge vom Hörensagen zu wissen glauben. (Siehe Illustration 82 »Mit diesem Jungen musst du ein bisschen aufpassen ...«)

War es dann überhaupt eine gute Idee, dieses Buch zu veröffentli-

82 »Mit diesem Jungen musst du ein bisschen aufpassen ... Sein Groß-
vater war in der nationalsozialistischen Bewegung.«

chen? Vielleicht habe ich ja, indem ich die vielen wiedererkennbaren Skizzen von Peter van Straaten in einen bestimmten Kontext eingebettet habe, noch mehr implizite Persönlichkeitstheorien geschaffen und Sie beginnen nun, allerlei normales Verhalten zu »pathologisieren«. Dieser Vorwurf ist nicht ganz unberechtigt, deshalb an dieser Stelle die warnenden Worte. Aber die eine oder andere implizite Theorie wenden Sie sowieso an.

Diagnostik von Persönlichkeiten ist schwierig und dieses Buch ist kein Ersatz für die professionelle Untersuchung durch einen Klinischen Psychologen oder einen Psychiater.

Ich habe bei der Beschreibung der unterschiedlichen Persönlichkeiten versucht, ein Bild zu skizzieren, und habe absichtlich nicht die präzisen Kriterien, wie sie in dem offiziellen diagnostischen System definiert sind, Punkt für Punkt wiedergegeben. Das habe ich deshalb so gemacht, weil eine Reihe dieser Kriterien nur bedingt brauchbar ist – die Entscheidung, ob ein Kriterium zutrifft oder nicht, braucht Wissen und Erfahrung. Darüber hinaus ist es so, dass die Kriterien in den neuen Ausgaben des Klassifikationssystems auch immer wieder modifiziert werden, weil die Forschung auf diesem Gebiet sich ständig weiter entwickelt. Aber wenn Sie wirklich wollen, können Sie die Kriterien für alle Persönlichkeiten mühelos im Internet finden. Dort werden Sie eventuell auch verschiedene Tests finden, die eine Persönlichkeitsstörung bei Ihnen diagnostizieren können. Auch hier gilt: Vorsicht! Diese Tests überschätzen ausnahmslos die Zahl der Störungen. Mit anderen Worten: vielen gesunden Menschen werden durch diese Tests eine oder gar mehrere Störungen aufgeschwatzt.

Selbst Klinische Psychologen und Psychiater werden nach einem ersten Gespräch nur selten in der Lage sein, eine zuverlässige Diagnose in Bezug auf die Persönlichkeit zu stellen – und sie werden es deshalb auch nicht tun. Allerlei psychiatrische Symptome, die im Prinzip vorübergehend oder behandelbar sind, wie Depressionen und Panikattacken, können dafür verantwortlich sein, dass eine Persönlichkeitsdiagnose zunächst nicht gestellt werden kann. Wenn jemand depressiv ist, ist er oder sie beispielsweise viel empfindsamer in Bezug auf Zurückweisung durch andere. In so einem Fall kann der Eindruck entstehen, dass es um eine vermeidende Persönlichkeit geht, wobei sich der Eindruck ändern kann, wenn die Depression überwunden ist. Auch eine Antwort auf die Frage, wie die Situation war, bevor die Depression anfing, gibt keine Klarheit, denn in einer depressiven Phase haben die Menschen einen viel negativeren Blick auf ihre Vergangenheit als sonst.

Und schließlich haben manche Menschen auch wirklich viel Pech und leben ohne Schuld in erbärmlichen Umständen. Viele Probleme im Leben zu haben ist nicht dasselbe wie eine abweichende Persönlichkeit zu haben.

Ursachen

Über die Ursachen von Persönlichkeitsstörungen sind Bibliotheken voll geschrieben worden; dennoch gibt es wenig gesicherte Fakten. Drei verschiedene Arten von Faktoren bestimmen unseren Charakter: die Genetik, geteilte Umwelteinflüsse – diejenigen Aspekte der Umwelt, die wir mit unseren Geschwistern teilen, zum Beispiel den Erziehungsstil der Eltern – und nicht geteilte Umwelteinflüsse. Die Theorien über Persönlichkeitsstörungen sind lange Zeit auf Umweltfaktoren beschränkt geblieben, erst in den letzten Jahren wurde die Rolle der Gene immer deutlicher (siehe Illustration 83 »Sag mal, du wirst doch nicht …«).

Bei den normalen Charakterzügen – beispielsweise, ob man mehr introvertiert oder extravertiert ist – wurde in der Zwillingsforschung ein Anteil der Vererbung von ungefähr 50 Prozent errechnet. Die übrigen 50 Prozent gehen fast vollständig auf das Konto der nicht geteilten Umweltfaktoren. Die geteilten Umwelteinflüsse scheinen also weniger bedeutsam zu sein. Bei der Intelligenz liegt der Einfluss der Gene sogar über 50 Prozent. Das heißt noch nicht, dass er auch bei den Persönlichkeitsstö-

83 »Sag mal, du wirst doch nicht genauso ein Dreckskerl werden wie
dein Vater?«

rungen bei etwa 50 Prozent liegen muss. Es ist nach wie vor möglich, dass die Entwicklung der extremen Varianten – also der Persönlichkeitsstörungen – in stärkerem Maße durch den Einfluss von Umweltfaktoren auf die genetisch festgelegten Temperamente bestimmt wird. Für einige Störungen, wie die antisoziale und die schizotypische Persönlichkeitsstörung, gilt es als nahezu gesichert, dass es eine starke genetische Komponente gibt. Aber bei einem adoptierten Kind, das bei kriminellen Eltern aufwächst, ist die Wahrscheinlichkeit, eine antisoziale Persönlichkeit zu entwickeln, ebenfalls erhöht, also ist die Vererbung hier nur ein Teil der Geschichte.

Es ist sehr schwierig, Ursachenforschung zu betreiben. Anhand der Lebensgeschichten einzelner Personen ist es nahezu unmöglich, viel über die Ursachen zu sagen. Wenn beispielsweise jemand mit einer theatralischen Persönlichkeit schlimme Geschichten über die emotionale Vernachlässigung in seiner Jugend erzählt, mag es vielleicht so erscheinen, als sei die Vernachlässigung eine wichtige Ursache (siehe Illustration 84 »... Ja. Schön. Mach noch mal eines ...«). Eltern, die ihre Kinder vernachlässigen, sind mit einer gewissen Wahrscheinlichkeit selbst auch nicht frei von pathologischen Persönlichkeitszügen. Die Kinder dieser Eltern sind also nicht nur der Vernachlässigung ausgeliefert, sondern haben womöglich auch entsprechendes genetisches Material geerbt. Weiter ist es so, dass bereits in jungen Jahren die Kinder schon klare Unterschiede in ihrem Temperament zeigen. Es könnte also auch so sein, dass verschiedene Kinder innerhalb einer Familie verschiedene Erziehungsstile bei ihren Eltern herausfordern. In solchen Fällen scheint der Unterschied im Erziehungsstil die Ursache für die Unterschiede der Persönlichkeit zu sein, aber in Wirklichkeit ist es eine Kombination aus Vererbung und Erziehung.

Manchmal machen Eltern auch so schrecklichen Sachen oder sie sind so unbeholfen oder so grob, dass man sich nur schwer vorstellen kann, dass die Kinder später nicht darunter leiden werden. Unter etwas leiden

84 »... Ja. Schön. Mach noch mal eines ...«

85　»Wir sind sehr von dir enttäuscht, Joris.«

ist allerdings nicht dasselbe, wie eine psychiatrische Erkrankung oder eine gestörte Persönlichkeit zu haben.

Für einige der Persönlichkeitsstörungen haben die Therapeuten auf der Basis von umfassender klinischer Erfahrung Theorien über die Ursachen aufgestellt. Wenn jemand sich sehr anstrengen muss, um wirklich von seinen Eltern gesehen zu werden, wenn das beispielsweise nur gelingt, indem starke Emotionen gezeigt werden, kann das Empfinden der starken Emotionen zum Ziel an sich werden oder sogar zum Beweis der Existenzberechtigung. Eine Vernachlässigung dieser Art könnte somit eine Rolle bei der Hysterie oder womöglich bei allen Charakteren, die zur »Nervensägen«-Kategorie gehören, spielen. Bei der »Angsthasen«-Kategorie liegt der Gedanke nahe, dass Mangel an Liebe und ein Zuviel an Kritik oder Kontrolle von Bedeutung sind (siehe Illustration 85 »Wir sind sehr von dir enttäuscht …«).

Weiter ist es nicht auszuschließen, dass eine Vorbildfunktion der Eltern ebenfalls eine Rolle spielt, dass Kinder das Verhalten ihrer Eltern sozusagen kopieren.

Aber wie gesagt, die Ursachenforschung ist komplizierter. Man kann bei Hysterikern, die sich in Therapie begeben, zwar die Lebensgeschichte erfragen, aber es ist schwierig, zu beurteilen, ob die subjektive Erfahrung der Jugend nicht stark von der gegenwärtigen Pathologie eingefärbt ist. Wenn jemand sagt, dass er früher wenig echte Aufmerksamkeit von seinen Eltern bekam, kann man das bei weitem nicht immer objektiv nachprüfen. Außerdem gibt es das Phänomen, dass Kinder mit unterschiedlichem Temperament auch unterschiedliche Erziehungsstile herausfordern. Letztlich ist es wichtig, zu bedenken, dass die Therapeuten ihre Theorien anhand der Menschen erstellen, die zu ihnen in die Praxis kommen. Dadurch, dass sie Menschen mit vergleichbaren Jugenderfahrungen, aber ohne Persönlichkeitsprobleme in der Praxis nicht zu Gesicht bekommen, kann ihr Blick hinsichtlich der Bedeutung von Erziehung verzerrt sein.

Behandlungsmethoden

Menschen mit einer festgestellten oder vermuteten Persönlichkeitsstörung waren lange bei der Mehrzahl der Psychotherapeuten nicht sehr beliebt. Mit den verfügbaren Therapien war wenig Ehre zu gewinnen, und diese Patientengruppe sorgt relativ häufig für Krisen. Aber in früheren Jahrzehnten war mit Psychotherapie sowieso keine Ehre zu gewinnen (siehe Illustration 86 »Sie sollten von dieser Therapie ...«).

Menschen mit einer Persönlichkeitsproblematik, die ansonsten relativ robust gebaut waren, kamen für die Psychoanalyse in Betracht – jahrelang täglich eine Stunde auf die Couch, alles berichten, was einem in den Sinn kommt. Seine Persönlichkeitsprobleme lebte der Patient dann in der Beziehung zum Therapeuten aus. Das war auch so gewollt, denn es war das Mittel zur Veränderung. Die klassische Psychoanalyse ist definitiv auf dem Rückzug: die dahinterliegende Theorie ist überholt, die Ergebnisse sind rundweg enttäuschend und der Aufwand an Zeit, Geld und Energie ist enorm.

Seitdem hat sich viel verändert und wurden viel effektivere Behandlungsmethoden beispielsweise für Depressionen und Angststörungen entwickelt, worunter Menschen mit einer Persönlichkeitsstörung auch oft leiden. Es geht hierbei sowohl um psychotherapeutische als auch medikamentöse Behandlungen. Im Prinzip können sie von diesen Behandlungen ebenfalls profitieren, obwohl die Behandlungen dann oft länger dauern als bei Menschen ohne Persönlichkeitsprobleme. Bei manchen Persönlichkeitstypen braucht schon allein der Aufbau einer Vertrauensbasis viel Zeit.

In den letzten Jahren werden zudem immer mehr Behandlungen entwickelt und getestet, die speziell auf Persönlichkeitsprobleme zugeschnitten sind. Das Ziel dieser Behandlungen ist ein anderes geworden. War früher das Behandlungsziel bisweilen der »neue Aufbau der Persönlichkeit«, so sind die Ziele heute realistischer. Im allgemeinen können sie beschrieben werden als die Veränderung einer Persönlichkeitsstörung in

86 *»Sie sollten von dieser Therapie nicht zu viel erwarten.«*

einen Persönlichkeitsstil. Das ist nicht dasselbe wie: »Sie müssen halt lernen, damit zu leben.« Abhängig von Art und Schweregrad der Problematik sowie der Behandlungsphase können Ziele erstellt werden wie: Krisen verhindern und/oder lernen, sie zu beherrschen; das Verbessern der sozialen Kompetenzen; Emotionen regulieren zu lernen und Veränderung der grundsätzlichen Denkmuster. Die Art der Therapie ist anders als bei der Psychoanalyse. Anstatt eine Abhängigkeitsbeziehung zu schaffen und durchzuarbeiten, wird jetzt so viel wie möglich aus dem Zusammenarbeitsmodell heraus gearbeitet. Die Sitzungen sind strukturierter und manchmal wird mit Übungen, Rollenspielen, Hausaufgaben gearbeitet. Dennoch kann auch in diesen strukturierteren Behandlungsabläufen die Beziehung zwischen Patient und Therapeut unter Druck kommen. Auch in einem Modell der Zusammenarbeit lässt sich nicht leugnen, dass der Patient sich in abhängiger Position befindet. Das kann Konflikte und Emotionen heraufbeschwören, deren gemeinsame Bearbeitung aber heilsam sein kann. Natürlich hängt das alles stark von der Art und vom Schweregrad der Persönlichkeitsproblematik ab.

Wie gesagt, die Behandlung einer Persönlichkeitsproblematik ist nicht einfach und erfordert Geduld und meistens sehr viel Zeit. Wenn der Schweregrad hoch ist, kann die Behandlung sogar Jahre dauern, aber sie wird dann immerhin nicht täglich stattfinden. Noch ein letzter Rat: Wenn Sie sich in Therapie begeben und der Therapeut oder die Therapeutin vorschlägt, dass Sie sich für unbefristete Zeit fünfmal pro Woche auf die Couch legen sollten, dann suchen Sie sofort das Weite!

Quellen und Danksagung

Das Klassifikationssystem, das den Kontext des Textes bildet, ist das *Diagnostic and Statistical Manual of Mental Disorders,* 4th edition (DSM-IV), herausgegeben von der American Psychiatric Association (Washington DC, 1994)[1]. Beim Schreiben dieses Buches habe ich einige Lehrbücher über *»Abnormal Psychology«* zu Rate gezogen, nämlich von S. Nolen-Hoeksema (McGraw-Hill, 2001) und von J.S. Nevid, S.A. Rathus und B.Greene (Prentice Hill, 2003). Daneben habe ich meine eigene klinische Ausbildung und meine Erfahrung genutzt sowie die Bücher, die ich in diesem Zusammenhang gelesen habe. Die wichtigsten sind *Cognitive Therapy of Personality Disorders* von A.T. Beck, A. Freman & Associates (Guilford, 1990), *Practical Management of Personality Disorder* von W.J. Livesley (Guilford, 2003) und das *Handbook of Diagnosis and Treatment of DSM-IV-TR Personality Disorders* von L. Sperry (Brunner-Routledge, 2003). Schließlich haben mich auch populär-wissenschaftliche Bücher inspiriert, wie *Coping with Difficult People* von R.M. Bramson (Dell Publishing, 1981).

Meine Ehefrau, Ineke Booij, Psychiaterin, ist ein As im Erkennen von Persönlichkeitstypen. Sie hat mir beim Schreiben dieses Buches enorm geholfen. Robin van Emden hat das Manuskript gelesen und mit nützlichen Kommentaren versehen. Selbstverständlich gehen die Auffassungen und eventuelle Fehler im Text voll und ganz auf meine Rechnung.

---

[1] deutsche Übersetzung erschienen bei Hogrefe, 1996: *Diagnostisches und Statistisches Manual Psychischer Störungen – DSM-IV*